W0368165

Ralf Müller-Amenitsch

Vegan im Recht

Das Handbuch
für juristische Fragen
des veganen Lebensstils

ventil
edition KOCHEN OHNE KNOCHEN

Ralf Müller-Amenitsch, geboren 1963. Nach Studium in Bonn und Lausanne arbeitet er seit 1993 als selbständiger Rechtsanwalt in Berlin mit den Schwerpunkten Arbeits-, Sozial- und Familienrecht. Zusammen mit dem Vegetarierbund Deutschland (VEBU) organisierte er das 1. Internationale Symposium zu veganem Recht im April 2016 mit Teilnehmern aus elf Nationen. Seit Anfang 2016 ist er deutscher Repräsentant der International Vegan Rights Association (IVRA). Er betreibt den veganen Rechts-Blog für PETA Deutschland und veröffentlicht zudem regelmäßig Artikel zu veganen Rechtsthemen.

Die Informationen in diesem Buch werden ohne Garantie seitens des Verlags und des Autors angeboten. Diese übernehmen keine Haftung für eventuell auftretende Schäden und Fehler, die durch die Verwendung des Buches auftreten.

2. Auflage April 2018

Abdruck oder Verbreitung durch elektronische Systeme auch in Auszügen nur mit ausdrücklicher Erlaubnis des Verlags. Alle Rechte vorbehalten.

© Ventil Verlag UG (haftungsbeschränkt) & Co. KG, Mainz 2016
Edition Kochen ohne Knochen
ISBN 978-3-95575-065-7

Cover- und Innengestaltung: Oliver Schmitt
Druck und Bindung: cpi books

Ventil Verlag, Boppstr. 25, D-55118 Mainz
www.ventil-verlag.de

Inhalt

5 Vorwort

7 Einleitung

11 **Anspruch auf veganes Essen in öffentlichen Einrichtungen**

12 Anspruch auf Befreiung von umlagefinanzierter Gemeinschaftsverpflegung

17 Anspruch auf Bereitstellung von veganem Essen

35 Bereitstellung von veganem Essen und Befreiung von Kostenumlagen in ausgewählten öffentlichen Einrichtungen

40 **Vegan in der Schule**

44 **Vegan in der Familie**

44 Sorgerechtsentzug bei nahrungsbedingter Mangelerscheinung aufgrund veganer Ernährung

48 Essensbestimmungsrecht

50 Rechte von veganen Kindern gegenüber Eltern, die veganes Essen verbieten

53 **Veganes Verbraucherrecht**

56 Selbstauskunftsrecht des Verbrauchers gegenüber den Herstellern

58 Wandelung und Anspruch auf Erfüllung bei Fehldeklaration

59 Vegan im Restaurant

60 Vegan auf Reisen

67 Schadensersatz und Schmerzensgeld

72 Das Selbstbestimmungsrecht

76 **Vegan im Berufsleben**

78 Diskriminierung aufgrund veganer Ernährung

80 Schutzbereich Religion

82 Schutzbereich Weltanschauung

88 Mobbing aufgrund veganer Ernährung

93 **Diskriminierung von Veganern**

93 Sonderdiskriminierungsschutz von Veganern nach der europäischen Menschenrechtskonvention und anderen internationalen Rechtsquellen

98 Beleidigung und Diskriminierung von Veganern außerhalb des Arbeitsplatzes

100 **ALG II und Veganismus**

103 Anspruch auf nahrungsbedingten Mehrbedarf und Sonderbedarf für Veganer

111 **Vegan im Mietrecht**

111 Sonderfall: Die vegane WG

113 **Kleine vegane Ernährungsethik**

115 Die Ethik des rechten Maßes

117 Vegane und vegetarische Ethik im Hinduismus und Buddhismus

118 Veganismus in der säkularen Ethik

120 **Nachwort**

123 Verzeichnis verwendeter und empfohlener Literatur

125 Danksagung

Vorwort zur 2. Auflage

»Tiere sind nicht dazu da, dass Menschen sie essen, an ihnen Experimente durchführen, sich mit ihren Häuten bekleiden, sich von ihnen unterhalten lassen oder auf andere Weise ausbeuten.«

Dies ist die Grundüberzeugung der Tierrechtsorganisation PETA (People for the ethical Treatment of Animals) und vieler Menschen, die sich deswegen konsequenterweise für eine vegane Lebensweise entscheiden, d.h. für eine Lebensweise, die darauf ausgerichtet ist, Tiere ihr eigenes Leben leben zu lassen, ein Leben in Freiheit und ohne für jegliche menschliche Nutzungsinteressen herhalten zu müssen und ohne dass der Mensch ihnen Schaden zufügt.

Von der gleichen Grundüberzeugung ausgehend, stellt der Rechtsanwalt und Autor Ralf Müller-Amenitsch mit diesem Buch denjenigen Menschen, die sich dazu entschieden haben, vegan zu leben, einen Rechtsratgeber für Situationen zur Verfügung, in denen Veganer aufgrund ihrer friedlichen Lebensweise gegenüber Tieren von der Gesellschaft, Behörden, Arbeitgebern etc. diskriminiert werden.

Es geht in diesen Situationen um das Recht auf Selbstbestimmung, um das Recht auf eine Lebensführung in Einklang mit unseren tierlichen Weltgenossen, um das Recht, die Rechte von Tieren zu respektieren. Jeder hat die Möglichkeit, einen Teil zu einem friedlichen Miteinander von Mensch und Tier beizutragen – aktiv und konsequent. Und dieses Buch sowie die Aktivitäten von PETA Deutschland e.V. geben dazu praktische Hilfestellung

Dieses Buch ist dabei ein Baustein von mehreren. Der Autor veröffentlicht seine Erfahrungen als Rechtsanwalt für »vegane Rechtsfälle« auch auf der Website von PETA Deutschland e.V. »www.veganes-recht.de«, zudem ist er Repräsentant von PETA Deutschland e.V,. auf internationalen Konferenzen und Mitorganisator der alljährlichen PETA-Tierrechtskonferenz (vgl. www.tierrechtskonferenz.de).

Wir freuen uns, dass dieses Buch so erfolgreich ist, dass es bereits nach kurzer Zeit zum zweiten mal aufgelegt wird, und empfehlen Jedem die Lektüre dieses Buches, der die Erde zu einem besseren Ort für Tiere machen möchte, dabei seine Rechte kennen und sie dafür nutzen will.

Harald Ullmann, Vorstand PETA Deutschland e. V.

Einleitung

Menschen, die sich aus ethischen, klimapolitischen oder gesundheitlichen Gründen vegan ernähren, gehören zu einer Minderheit.

Der vegane Lebensstil birgt daher Probleme mit, die wir sonst nur aus dem Minderheitenschutz kennen.

Der Europäische Gerichtshof für Menschenrechte hat festgestellt, dass Menschen, die sich aus ethischen Gründen tierleidfrei verhalten wollen, durch Art. 9 der Europäischen Menschenrechtskonvention geschützt sind. Der Tierschutz findet in der Bundesrepublik Deutschland seinen Ausdruck in Art. 20 a des Grundgesetzes und in der Gewissens- und Weltanschauungsfreiheit von Art. 4 des Grundgesetzes. Nach meiner Auffassung gibt es auch ein Allgemeines Persönlichkeitsrecht, sich seinen ethischen Vorstellungen gemäß zu ernähren und zu konsumieren.

Es ist mir daher eine besondere Freude, schon nach relativ kurzer Zeit die 2. Auflage von „Vegan im Recht" vorlegen zu können. Mein Ziel ist es, internationale rechtliche Standards für Menschen, die tierleidfrei konsumieren wollen, zu fördern.

Die 1. Auflage hat eine erfreulich positive Resonanz gefunden. Für mich persönlich hat sich daraus eine wunderbare Zusammenarbeit mit PETA Deutschland ergeben. Die NJW hat in einem Interview über die Veröffentlichung berichtet, und auch die Anwaltszeitschrift AdVoice hat sich für das Thema interessiert.

Besonders spannend war für mich, dass Fälle, die ich in dem Buch für hypothetisch möglich gehalten habe, nach Veröffentlichung des Buches als reale Fälle auf meinem Schreibtisch als Rechtsanwalt gelandet sind.

Durch die Zusammenarbeit mit PETA ist es in relativ kurzer Zeit gelungen, wesentliche Verbesserungen für die Versorgung vegan lebender Menschen zu erreichen. So wurde mit der Berliner Gefängnisverwaltung abgestimmt, dass Gefängnisinsassen, sofern sie vegan leben, ein Komponentenwahlrecht haben. Durch die großartige Arbeit von Herrn Andreas Schöfbeck, Vorstand der BKK ProVita, und Prof. Dr. Michalsen konnten wir erreichen, dass Krankenhäuser über die Deutsche Krankenhausakademie zu dem Thema vegane Ernährung fortgebildet werden. Die Bundeswehr hat zugesichert, dass Freiwillig Wehrdienstleistende, sofern sie keine vegane Ernährung erhalten, ein Verpflegungsgeld ausgezahlt bekommen. Das Bundesverfassungsgericht wird sich voraussichtlich mit der Fragestellung beschäftigen, ob Schüler einen Anspruch gegenüber dem Staat auf Bereitstellung von veganem Essen haben.

In sehr vielen Einzelfällen habe ich, mit Hilfe von PETA Deutschland, Menschen helfen können, veganes Essen in Kitas und Schulen zu erhalten. Wir konnten das Verbraucherrecht für vegane Kunden im Bereich von Möbeln verbessern, indem wir das Thema Deklarierung von veganen Möbeln in einem Musterfall ausfochten und zusammen mit Möbel Höffner eine erste vegane Möbellinie auf den Markt gebracht haben.

Mittlerweile findet bereits die dritte internationale Konferenz zu veganen Rechtsfragen statt, und es ist eine eigene internationale Fachzeitschrift zu veganen Rechtsfragen in Planung. Das Buch „Vegan im Recht" ist mittlerweile auch in Österreich erschienen, dort von dem Kollegen Peter Kudelka als Hauptautor bearbeitet; weitere Veröffentlichungen in der Schweiz sowie in Ungarn, Luxemburg und Holland sind geplant. Eine Rechtsprechungssammlung zu veganem Recht ist in der Vorbereitung. Es gibt in diesem Themenbereich also viel Bewegung.

Dies soll aber nicht darüber hinwegtäuschen, dass der Lebensalltag für viele Veganer noch von großen Schwierigkeiten geprägt ist. Veganer bekommen nicht in allen öffentlichen Institutionen etwas zu essen. Die Versorgung in Schulen und Kindertagesstätten ist mangelhaft. Auch in vielen Krankenhäusern gibt es noch keine oder nur unzureichende vegane Optionen. In Gefängnissen bekomme Veganer häufig ebenfalls nichts zu essen. Veganer müssen teilweise höhere Preise für ihre ethischen Nahrungsoptionen bezahlen, sie werden von Ärzten mit nicht-veganen Produkten versorgt, wie beispielsweise dem Injizieren von Fleischbrühe für einen Allergietest. Es kommt vor, dass dementen Veganern gegen ihren Willen Fleisch gereicht wird. Schließlich ist im Bereich der Deklaration von veganen Produkten die Europäische Richtlinie noch immer nicht umgesetzt worden. Es gibt also insgesamt noch sehr viel zu tun.

Ich hoffe, dieser kleine Beitrag ist auch eine Inspiration für Kollegen und eine Anregung für die rechtswissenschaftliche, gerne auch streitige, Auseinandersetzung über die vielen spannenden Rechtsfragen, die sich rund um das Thema Konsum aus ethischen Gründen ranken. Wer sich für das Thema interessiert, kann gerne auf meiner Homepage oder auf dem Blog von PETA Veganes Recht aktuelle Entwicklungen nachlesen.

Ralf Müller-Amenitsch
April 2018

Anspruch auf veganes Essen in öffentlichen Einrichtungen

Zur Normalität veganen und vegetarischen Lebens gehört in erster Linie der barrierefreie Zugang zu der gewünschten Nahrung im beruflichen und sozialen Umfeld. Ebenfalls ist es wünschenswert, nachdem vegetarisches Essen beinahe selbstverständlich geworden ist, diese Selbstverständlichkeit auch im Lebensalltag von vegan lebenden Menschen zu verwirklichen. Gerade diese fühlen sich noch häufig diskriminiert, da ihr Ernährungswunsch von manchen Mitmenschen noch als lästig und übertrieben wahrgenommen wird. In Gefängnissen ist die vegane Versorgung schwierig und in Schulen und Kitas bekommen vegan lebende Kinder häufig ihre Sonderstellung zu spüren. Hier gibt es einen großen Verbesserungsbedarf. Wenn Kinder nicht an der Gemeinschaftsverpflegung teilnehmen und immer ihr Essen selbst mitbringen müssen, sind sie täglich als Außenseiter wahrnehmbar, was zu unerwünschten Hänseleien bis hin zu Mobbing führen kann.

Im Hinblick auf rechtliche Probleme im Zusammenhang mit der Versorgung mit veganem Essen in öffentlichen Einrichtungen gibt es zwei Problemfelder, die rechtlich unterschiedlich zu betrachten sind. Zum einen sind hier Kantinen in Schulen, Gefängnissen, Kasernen etc. zu nennen, in denen Vegetarier und Veganer zwingend an einer umlagefinanzierten Gemeinschaftsverpflegung teilzunehmen haben, bzw. um die Befreiung von nicht-veganer oder nicht-vegetarischer Gemeinschaftsverpflegung. Zum anderen geht es um den Anspruch auf Bereitstellung von veganem oder vegetarischem Essen grundsätzlich.

Die Umlage, an der die vegan lebenden Menschen beteiligt werden, wird von diesen als besonders belastend, ja als Zwang empfunden. Nicht nur, dass vegan lebende Menschen ihr religiös oder säkularethisch gebotenes Essen nicht erhalten, sie müssen sogar noch das aus ihrer Sicht unethische Essen der anderen mitfinanzieren.

Hier stellen sich die Fragen, ob die Betroffenen einen Anspruch auf Befreiung von der Gemeinschaftsverpflegung und/oder der Kostenumlage haben, und ob ein Anspruch auf die Bereitstellung von veganem oder vegetarischem Essen überhaupt existiert.

Anspruch auf Befreiung von umlagefinanzierter Gemeinschaftsverpflegung

Zu klären ist zunächst, ob Menschen mit Ernährungsbedarf außerhalb der gängigen Gemeinschaftsverpflegung, von dieser und ihren Kosten befreit werden können. Gründe für einen Befreiungsbedarf können gesundheitliche Einschränkungen wie Allergien und Lactose- oder Glutenintoleranz sein.

Religiöse Essensgebote (koscher bei Juden, halal bei Muslimen, vegetarisch bei Hindus und eventuell bei Buddhisten) begründen zudem das Bedürfnis, von der kostenpflichtigen Gemeinschaftsverpflegung befreit zu werden, wenn das gewünschte Essen nicht bereitgestellt wird. Hinzu kommt, und dies ist noch nicht hinreichend gesellschaftlich rezipiert, dass sich Menschen aufgrund von nicht-religiöser, also säkularer Ethik, ihrem Gewissen folgend, vegan oder vegetarisch ernähren wollen.

An folgendem Fall, der aus der anwaltlichen Praxis stammt, werden die rechtlichen Möglichkeiten dargestellt, wie eine Befreiung von Gemeinschaftsverpflegung erlangt werden kann. Hierbei werden die typischen rechtlichen Problemfelder angesprochen.

Ende 2014 wünschte in Berlin ein Vater von vegan lebenden Kindern die Befreiung von der Essensumlage. Obwohl er dies beantragt hatte, erhielt er einen Bescheid, nachdem die Umlage für ihn verpflichtend festgelegt wurde. Hiergegen legte er Widerspruch bei der Verwaltungsbehörde ein. Der Widerspruch wurde mit folgendem Argument zurückgewiesen: Den Kindern stünde vegetarische Nahrung zu Verfügung und in derartigen Fällen (vegane Ernährung) habe die Senatsverwaltung (wohl aus Kostengründen) die Umlage verbindlich angewiesen.

Hiergegen wurde Klage vor dem Verwaltungsgericht Berlin mit folgenden Argumenten eingereicht:

1. Ermessensfehlerhaft/Ermessen nicht ausgeübt (in dem Gesetz steht: Auf Antrag kann in Ausnahmefällen zur Vermeidung von Härten und zur Sicherstellung der weiteren Förderung des Kindes befristet, ganz oder teilweise von der Zahlung der künftig fällig werdenden Kostenbeteiligung abgesehen werden ...) (Die Verwaltung hatte daher Entscheidungsspielraum, den sie nicht ausnutzte.) Verstoß gegen Gewissens- und Weltanschauungsfreiheit. Art. 4 GG
2. Anspruch auf verwaltungsinterne Gleichbehandlung (Koscher- und halalessende Kinder werden befreit, säkulare Veganer nicht). Anspruch aus dem Grundsatz der Selbstbindung der Verwaltung, da in der Vergangenheit die Befreiung von der Umlage erfolgte.

Worauf kommt es also rechtlich bei dem Befreiungsanspruch an? Zunächst ist für den jeweiligen Rechtskreis die Ermächtigungsgrundlage der Verwaltung mit der eventuellen Anspruchsgrundlage für den Bürger zu ermitteln. Man muss daher herausfinden, wo und wie genau der Fall geregelt ist. Im vorliegenden Fall ist die Ermächtigung zur Kostenumlage für Berlin im Tagesbetreuungskostenbeteiligungsgesetz geregelt. Das Gesetz regelt aber auch Befreiungstatbestände, also Möglichkeiten um sich von der Umlagepflicht befreien zu lassen.

In § 4 Abs. 4 Tagesbetreuungskostenbeteiligungsgesetz steht: »Auf Antrag kann in Ausnahmefällen zur Vermeidung von Härten und zur Sicherstellung der weiteren Förderung des Kindes befristet, ganz oder teilweise von der Zahlung der künftig fällig werdenden Kostenbeteiligung abgesehen werden ...«

In anderen Bundesländern und Rechtskreisen gibt es ähnliche Vorschriften, die jeweils genau rechtlich erfasst und geprüft werden müssen. Wenn wir die Regelung betrachten, so ist hier bemerkenswert, dass die Formulierung: »kann ... abgesehen werden« gewählt wurde. Dies bedeutet, die Verwaltung hat einen sogenannten Ermessensspielraum. Bei der Überprüfung des Ermessens spielt eine Rolle, wie die Verwaltung bei vergleichbaren Fällen entschieden hat (Anspruch auf verwaltungsinterne Gleichbehandlung und Grundsatz der Selbstbindung der Verwaltung). Zudem ist, wie hier bei grundrechtsrelevanten Fragestellungen, beim Ermessen zu berücksichtigen, ob die Eingriffe in Grundrechte der Betroffenen durch die Zwangsumlage gerechtfertigt sind.

Eine derartige rechtliche Überprüfung finden wir im Urteil des OVG NRW (OVG Nordrhein-Westfalen, 24. August 2010 Az.:1A 2139/08, open Jur 2011,73104, ähnlich OVG Schleswig-Holstein, 17.02.93, Az.: § M-86/92, NVwZ 1993,702), welches zu Lasten des Antragstellers – eines vegetarisch lebenden Berufssoldaten – ging und daher eine Bedienungsanleitung dafür ist, wie man es richtig machen kann.

So führt das Gericht zu den Anforderungen an eine Güterabwägung bei dem Anspruch auf Befreiung von Verpflegungskosten eines Vegetariers, für den Laien etwas schwer verständlich, Folgendes aus:

> »Insoweit berührt es zunächst wesentlich das Gewicht des vom Kläger geltend gemachten Wunsches nach einer bestimmten Zusammensetzung, der ihm als bei Dienstreisen der in Rede stehenden Art zur Teilnahme an der Gemeinschaftsverpflegung verpflichtetem Berufssoldaten bereitgestellten Verpflegung (hier in Gestalt einer aus rein vegetarischen Komponenten zusammengesetzten Vollverpflegung), ob und inwiefern tatsächlich durch Art. 4 Abs. 1 und Abs. 2 GG geschützte Rechtspositionen oder aber bloße persönliche Vorlieben hinter seinem Begehren stehen. Angesichts

der Weite des Schutzbereichs des hier in Rede stehenden (einheitlichen) Grundrechts der Glaubens-, Gewissens- und Bekenntnisfreiheit (Art. 4 Abs. 1 GG) sowie der Gewährleistung der ungestörten Religionsausübung (Art. 4 Abs. 2 GG) reicht aber, um von dem Betroffenen eine bestimmte Verhaltensregel als maßgeblich und verpflichtend durch seinen religiösen Glauben geleitet darzustellen, nicht die bloße Behauptung aus, sondern es bedarf hierzu einer plausiblen – und dabei zugleich hinreichend substantiierten – Darlegung, damit überhaupt der grundrechtliche Schutzbereich eröffnet ist.« (So nach OVH auch BVerfG, Urteil vom 15. Januar 2002 – 1 BvR 1783/99)

Dies bedeutet einfach ausgedrückt: Die Glaubens- und Gewissensfreiheit ist bei der Ermessensentscheidung zu berücksichtigen, wenn man hierzu ausreichend oder, wie die Juristen sagen, *substantiiert* vorträgt. Damit ist gemeint, dass der jeweilige Anspruchsteller sehr genau und detailliert darstellen muss, aufgrund welcher Tatsachen seine Grundrechte im jeweiligen Fall berührt sind.

Aufgrund des Amtsermittlungsgrundsatzes vor dem Verwaltungsgericht kann man die Substantiierungspflicht zwar kritisch sehen, rein praktisch ist jedoch zu empfehlen, umfangreich vorzutragen, zumal die Betroffenen an dieser Stelle ihren ethischen Background offenlegen und ihr Engagement für eine vegetarisch-vegane Lebensweise zeigen können.

Zudem ist ein gewisses Verständnis für die Vortragsobliegenheit der Vegetarier bzw. Veganer angebracht, also dafür, dass der jeweilige Antragssteller sehr detailliert und genau vortragen muss, da es auch Fälle geben soll, in denen Scheinkonvertierungen erfolgt sind, um an besseres Essen zu gelangen. Dies ist offenbar häufig in Haftanstalten der Fall.

Es empfiehlt sich daher, dem Gericht sehr ausführlich darzulegen, welche religiös-weltanschaulichen oder gewissensbedingte Gründe die »Sonderernährung« verbindlich vorgeben und wie der konkrete Lebenskreis von Religion oder Weltanschauung bzw. Gewissen durch den Konsum nicht-veganer oder nicht-vegetarischer Kost beeinträchtigt sind. Darüber hinaus sollte geschildert werden, was man empfindet, wenn man gegen das religiöse oder säkularethische Nahrungsgebot verstößt und ob dies gegebenenfalls mit Verletzungen der Psyche verbunden ist. Hierbei können auch religiöse Jenseitserwartungen eine Rolle spielen und sollten geschildert werden, wenn sie bestehen. Diese sind von dem Grundrecht der Religionsfreiheit geschützt. Dass sich Menschen aus säkularen Gründen entscheiden, komplett auf tierische Nahrung zu verzichten, ist ein neueres Phänomen. Weltanschauliche Veganer sollten ihren ethischen Hintergrund deshalb möglichst detailgetreu und verständlich schildern. Wichtig ist es auch, dem Gericht die antispeziesistische Haltung darzulegen, sofern sie vorhanden ist, da hierbei erörtert werden kann, ob der Antispeziesismus als Kritik an der Bevorzugung der Spezies Mensch gegenüber anderen Spezies (Tieren) eine Weltanschauung ist und damit grundgesetzlichen Schutz hat.

Praxistipps

> Bei der Schulwahl prüfen, ob veganes Essen bereitgestellt wird.

> Bei Beteiligung (Zwangs-)Umlage unter Berufung auf die Glaubens-, Gewissens-, und Weltanschauungsfreiheit Art. 4 GG und Art. 9 EMRK (Europäische Menschenrechtskonvention) Befreiung von der Umlage beantragen. Hierbei ausführlich die ethischen Hintergründe darlegen und den Anspruch auf verwaltungsinterne Gleichbehandlung geltend machen.

> Vegane Selbstversorgung mit anderen Eltern organisieren.

Im vorliegenden Fall musste das Gericht nicht entscheiden, da die Verwaltung die (Zwangs-)Umlage »ohne Anerkennung einer Rechtspflicht« zurücknahm und sich verpflichtete, die Verfahrenskosten zu übernehmen. Es lässt sich zudem feststellen, dass zumindest in Berlin die Betroffenen zumindest nach einer Klage von der Umlage befreit werden, zumal das OVG Berlin im Juli 2016 darauf hingewiesen hat, dass das Tageskostenbeteiligungsgesetz lediglich ein Angebot an die

Eltern sei, ihre Kinder an der Gemeinschaftsverpflegung teilnehmen zu lassen.

Zusammenfassend lässt sich daher feststellen, dass die Befreiung von Gemeinschaftsverpflegung in vielen Fällen erreicht werden kann. Hierbei empfiehlt sich die Vertretung durch einen Rechtsanwalt, der gegenüber der vegetarisch-veganen Lebensweise aufgeschlossen ist, und/oder durch einen Fachanwalt für Verwaltungsrecht.

Anspruch auf Bereitstellung von veganem Essen

Im Bereich des Anspruches auf Bereitstellung von veganem und vegetarischen Essen gab es bis 2016 nur im Bereich von Gefängnisunterbringungen aussagekräftige Rechtsprechungen. Hier ist es zunächst sehr wichtig zu verstehen, dass Grundrechte generell nur vor staatlichen Eingriffen schützen und nur in seltenen Ausnahmen einen Anspruch auf staatliches Handeln begründen können. So führt das Kammergericht Berlin, das die Frage zu entscheiden hatte, ob ein muslimischer Gefängnisinsasse Anspruch auf Bereitstellung von Halal-Kost hat, im Beschluss vom 29. August 2011 (AZ 2 Ws 326/11) zu Halal-Nahrung aus:

> Dass keine Verpflichtung des Staates dem Grundsatz nach besteht, dem Einzelnen die faktische Möglichkeit der Religionsausübung zu verschaffen (Grundrecht nicht als Teilhaberecht, sondern als Abwehrrecht [Anmerkung des Autors]).
> Der Insasse kann auf Selbstversorgung verwiesen werden (Halal/Einkauf auf eigene Kosten).

Dies spiegelt die herrschende Meinung in Rechtsprechung und der juristischen Literatur wider. Es ist in absehbarer Zeit nicht mit einer Änderung dieser vorherrschenden Meinung zu rechnen. Daher ist es wichtig zu erklären, dass ein Anspruch auf Bereitstellung von veganem oder vegetarischem Essen nur dann bestehen kann, wenn ein Gesetz die Teilhabe regelt oder ausnahmsweise die Grundrechte einen Anspruch auf staatliche Teilhabeleistung begründen.

Als Rechtsgrundlage für die Bereitstellung von veganem Schulessen kommen die Landesschulgesetze in Betracht. So lautet beispielsweise § 19 Abs. 3 Satz 1 des Schulgesetzes Berlin wie folgt:

> »(3) Das Angebot der ergänzenden Förderung und Betreuung an der Ganztagsschule der Primarstufe in der offenen Form, soweit nicht nur die Betreuungszeit von 6.00 bis 7.30 Uhr in Anspruch genommen wird, und die Ganztagsschule der Primarstufe in der gebundenen Form umfassen ein grundsätzlich kostenbeteiligungspflichtiges Mittagessen. Die Aufnahme in gebundene Ganztagsschulen der Primarstufe setzt eine Verpflichtung der Erziehungsberechtigten voraus, ihr Kind am Mittagessen teilnehmen zu lassen. Im Übrigen erhalten die Kinder auf eigene Kosten ein Mittagessen.«

Bemerkenswert ist hier zunächst, dass Kinder nur dann in die Ganztagsschulen aufgenommen werden, wenn die Eltern sich verpflichten, ihr Kind an einem gemeinsamen Mittagessen teilnehmen zu lassen. Hier wird der Freiheitsraum der Eltern eingeschränkt.

Kann man aus dem Anspruch auf ein gemeinsames Mittagessen einen Anspruch auf ein veganes Mittagessen ableiten? Hier kann man daran denken, dass Art. 3 GG – der allgemeine Gleichbehandlungsgrundsatz – ausnahmsweise bei vergleichbaren Fällen einen Anspruch auf gleichberechtigte Teilhabe an staatlichen Leistungen begründen kann.

Wenn der Staat koscheres und Halal-Essen für jüdische und muslimische Kinder in Schulkantinen bereitstellt, muss er dann nicht auch vegetarisch lebenden Hindus und säkular-ethischen Veganern Essen bereitstellen, welches deren jeweiliger Ethik entspricht? Bei den Hindus leuchtet unmittelbar ein, dass diese wegen ihrer Religion gleichbehandelt werden sollten. Was ist aber mit den Veganern, die aus diesseitigem Mitgefühl das Töten und Verspeisen von Tieren nicht mit ihrem Gewissen vereinbaren können? Sollte das nicht-religiöse Gewissen im Hinblick auf das Essen weniger schützenswert und förderungswürdig sein als das religiöse?

Hier entsteht ein schwer erträglicher, für die meisten Menschen nicht nachvollziehbarer Widerspruch. Hieraus kann man versuchen, einen Anspruch auf gleichberechtigte, am Gleichbehandlungsgrundsatz orientierte Teilhabe an staatlichen Leistungen abzuleiten. Der Staat soll demnach, wenn er fördert, wesentlich gleiche Fälle gleichartig fördern. Um den Anspruch auf gleichberechtigte Teilhabe an staatlichen Leistungen begründen zu können, müsste die vegetarische und vegane Ernährung unter den Grundrechtsschutz von Art. 4 GG Religions-, Gewissens- und Weltanschauungsfreiheit fallen.

Art. 4 Abs. 2 GG besagt: »die ungestörte Religionsausübung wird gewährleistet«. Wenn die vegetarische Ernährung für die Ausübung der Religion unerlässlich ist, fällt sie unstreitig unter den grundrechtlich geschützten Bereich der Religionsfreiheit. Dies ist nach gängiger Rechtsprechung beim Hinduismus und Buddhismus möglich, da dort je nach Ausprägung der Glaubensrichtung der Konsum von Fleisch als karmisch belastend und daher hinderlich für die ideale Ausübung der Religion angesehen wird.

Da Buddhisten teilweise für sich reklamieren, keiner Religion anzugehören, da sie nicht an einen Gott glauben, ist der Buddhismus in der Rechtsprechung zur vegetarischen Ernährung teilweise auch als Weltanschauung unter den Schutzbereich von Art. 4 GG eingeordnet worden. Im Hinblick auf die Transzendenz und Karmagläubigkeit im Buddhismus scheint jedoch diese Einordnung zweifelhaft, zumal der Buddhismus definitiv zu den Weltreligionen zählt.

Zum Schutzbereich von Art. 4 GG im Hinblick auf veganes/vegetarisches Essen entschied das OLG Hamm. Im Beschluss vom OLG Hamm vom 14.12.1983 (7 Vollz Ws 140/83; NStZ 1984, 190) ging es um einen Anhänger des Zen-Buddhismus, der vegetarisch (und noch mit anderen Anforderungen) ernährt werden wollte. Er berief sich dabei auf Art. 4

und Art. 3 GG, weil muslimische Gefangene in der betreffenden JVA mit Halal-Kost versorgt wurden. Der Zen-Buddhismus wird in der Entscheidung als Weltanschauung (und nicht als Religion) bezeichnet. Das Gericht lehnt den Anspruch auf gleichberechtigte Bereitstellung ethischen Essens aus Art. 3 III GG anders als die Vorinstanz zwar ab, allerdings ausdrücklich nicht aufgrund fehlender Gleichwertigkeit zwischen Islam und Zen-Buddhismus, sondern erst auf der zweiten Stufe wegen »zulässiger in der Sache begründeter Differenzierungen«, vor allem dem mit der komplizierten Verpflegung des einzelnen Zen-Buddhisten verbundenen finanziellen und personellen Mehraufwand der JVA.

Das Urteil ist insoweit wichtig, da es generell aufgrund des Gleichbehandlungsgrundsatzes einen Teilhabeanspruch an staatlicher Sonderernährungsbereitstellung im Hinblick auf weltanschauliche Ernährungsethik bejaht. Außerdem scheint das OLG Stuttgart in der Entscheidung vom 27.01.1997 (4 VAs 23/96) religiös-ethische und vegansäkularethische Bedürfnisse gleichzusetzen. So führt es in einem Leitsatz aus, dass ein veganer Untersuchungshäftling keine weitergehenden Rechte bezüglich der Ernährung durch die JVA hat als Strafgefangene, die sich an Speisevorschriften ihrer Religionsgemeinschaften gebunden sehen. Was bedeutet, dass auch der Veganer nur ein Recht auf Selbstverpflegung hat. Im Ergebnis wird daher aber zumindest der Gleichbehandlungsanspruch im Hinblick auf das Selbstversorgungsrecht bejaht.

Demnach kann man sich zumindest nach zutreffender Auffassung des OLG Hamm auch als weltanschaulicher-buddhistischer Veganer auf den gleichberechtigten Teilhabeanspruch berufen, wenn auch Religionsangehörige Sonderernährung gestellt bekommen. Den Gleichbehandlungsanspruch sollte man auch auf die sogenannte Gewissensbetätigungsfreiheit von nicht-religiösen Veganern im Verhältnis zu religiöser Gewissensbetätigungsfreiheit anwenden können. Meines Erachtens können daher religiöse Vegetarier und säkularethische Veganer gleichberechtigte Teilhabe an staatlichen Bereitstellungen von Sondernahrung verlangen.

Bei säkularen Veganern ergibt sich zusätzlich das Problem, ob der nicht-religiös ethisch geprägte Veganismus eine Weltanschauung im Sinne von Art. 4 GG ist. Dies wird bedauerlicherweise von der herrschenden Meinung in der Rechtsprechung und Literatur verneint. Dies mag verfassungsrechtlich nachvollziehbar sein, da nach ständiger Rechtsprechung eine Weltanschauung nur in sehr seltenen Fällen zu bejahen ist. Schützenswert ist demnach eine mit der Person verbundene Gewissheit über bestimmte Aussagen zum Weltganzen sowie zur Herkunft und zum Ziel des menschlichen Lebens. Die Religion legt, nach der geltenden Rechtsprechung, eine den Menschen überschreitende und umgreifende (transzendente) Wirklichkeit zugrunde, während sich die Weltanschauung auf innerweltliche (immanente) Bezüge beschränkt. Dem Veganismus bzw. dem nicht-religiös motivierten Vegetarismus fehle also das umfassende weltganze, religionsähnliche Element, um als Weltanschauung geschützt zu werden. Es ist aber nicht hinnehmbar, dass im Ergebnis Menschen, die aus nicht-religiösem Mitgefühl den Konsum von Tieren ablehnen, weniger geschützt sein sollen als solche, die dies religiös motiviert ausschließen.

Dieser Widerspruch kann und muss daher noch über die Gewissensfreiheit, die Art. 4 GG schützt, aufgelöst werden. Eine Gewissensentscheidung ist jede ernste und sittliche, an den Kategorien von Gut und Böse orientierte Entscheidung, die der Einzelne in einer bestimmten Lage als für sich bindend und unbedingt verpflichtend innerlich erfährt, so dass er gegen sie nicht ohne Gewissensnot handeln kann. Somit sollten säkulare Veganer zumindest unter dem Schutzmantel ihrer Gewissensfreiheit einen Anspruch auf gleichberechtigte Teilhabe an Sonderernährung haben, zumal auch die Gewissensbetätigung durch Art. 4 GG geschützt ist.

Es scheint dringend geboten, differenziert zu betrachten, ob Veganismus bzw. der säkulare Vegetarismus nicht auch Weltanschauungen sein können. Während rein gesundheitlich motivierte Veganer sicher nicht unter den Schutzbegriff der Weltanschauung zu fassen sind, wird dies für antispeziesistische Veganer, die ihr ganzes Leben auf einen gleichberechtigten Umgang zwischen Mensch und Tier ausrichten und hiermit auch einen weltumfassenden Anspruch vertreten, schwerer zu vertreten sein.

Auch dürfte die allzu enge Auslegung des Begriffs »Weltanschauung« insgesamt überdenkenswert sein, da kaum Fälle säkularer Weltanschauung denkbar sind, die unter diesen Begriff fallen könnten, und daher die Gefahr eines inhaltsleeren Grundrechtes besteht.

Auch im Hinblick darauf, dass in anderen auch europäischen Rechtskreisen der Veganismus als »belief« oder »conviction« unter den Schutz der Europäischen Menschenrechtskonvention fällt (Art. 9 EMRK), ist es sicherlich wünschenswert, dass auch im rein nationalen Recht eine den europäischen Menschenrechtsstandards entsprechende Gesetzesauslegung oder Normierung stattfindet.

Zusammenfassend lässt sich die Zwischenbilanz ziehen, dass sich unter Berufung auf das OLG Hamm gut vertreten lässt, einen Bereitstellungsanspruch auf veganes Essen zu befürworten, wenn Halal- oder koscheres Essen für andere Kinder bereitgestellt wird. Hierbei lässt sich der Schutz des säkularen Vegetarismus bzw. Veganismus nicht auf dem Weltanschauungsbegriff des Grundgesetzes ableiten. Der Weltanschauungsbegriff des Art. 9 der europäischen Menschenrechtskonvention ist aber weiter gefasst, da er auch verfestigte Meinungen schützt. Vor diesem Hintergrund kann man mit Art. 9 der europäischen Menschenrechtskonvention argumentieren. Aus der Entscheidung des OLG Hamm kann man entnehmen, dass ein Gleichbehandlungsanspruch auf Bereitstellung von veganem Essen generell aus dem allgemeinen Gleichbehandlungsrecht Art. 3 GG in Form eines Teilhaberechtes abgeleitet werden kann.

Bei den Argumenten der Senatsverwaltung Berlin ist noch zu erwägen, ob die Empfehlung der Deutschen Gesellschaft für Ernährung e.V. (DGE) bei Kindern, von veganer Ernährung Abstand zu halten, nicht einen sachgerechten Differenzierungsgrund für die Ungleichbehandlung der veganen Kinder bedeutet. Die Verwaltung meint, eine solche ihrer Ansicht nach »ungesunde Ernährung« nicht fördern zu dürfen. Die Verwaltung geht hierbei auch nicht auf die reale Situation der Veganer ein, die regelmäßig Vitamin-B_{12}-Supplemente zu sich nehmen, um Mangelerscheinungen zu vermeiden. Hier ist die von der Rechtsprechung geforderte Einzelfallprüfung durchzuführen.

Der Verweis auf Allgemeinplätze (wie die vegane Ernährung sowie Nahrungsergänzungsmittel seien ungesund) übergeht in bedenklicher Weise die individuelle Lebensrealität der Betroffenen und das verfassungsmäßige Gebot der am Einzelfall orientierten Güterabwägung. Es bleibt abzuwarten, ob die Verwaltungsgerichte im Streitfall durch unabhängige Gutachter überprüfen lassen, ob vegane Ernährung bei Kindern tatsächlich ungesund ist oder ob der DGE-Empfehlung, ähnlich wie bei Mietspiegeln, die Funktion eines vorweggenommenen Sachverständigengutachtens beigemessen wird.

Hiergegen könnte und sollte man einwenden, dass wissenschaftliche Zweifel an der gegenwärtigen Beurteilung der DGE-Empfehlung bestehen. So führt der Ernährungswissenschaftler Dr. Markus Keller in der Ernährungsumschau 11 aus dem Jahr 2012 aus, dass die American Dietetic Association, die American Academy of Pediatrics sowie die Canadian Pediatric Society der Auffassung sind, dass eine gut geplante vegane Ernährung geeignet sei, den Nährstoffbedarf von Kleinkindern, Kindern und Jugendlichen zu decken. Unabdingbar sei hierbei die Supplementierung von Vitamin B_{12} und Vitamin D in der sonnenarmen Zeit (Keller, Ernährungsumschau 11 / 2012, S. 632 f.). Auf dem 1st International Law Symposium on the Right to a Plant Based Diet in Berlin 2016 berichteten die Juristen aus dem angloamerikanischen Raum, dass auch die zuständigen nationalen Behörden Großbritanniens, Australiens sowie der skandinavischen Länder keinerlei Bedenken gegenüber der veganen Ernährung von Kindern äußern.

Es liegt auf der Hand, dass nicht beide Lager Recht haben können. Selbst wenn die Rechtsprechung der DGE-Einschätzung den Status eines verbindlichen vorweggenommenen Sachverständigengutachtens beimessen sollte, könnte man dies erschüttern, indem man unwissenschaftliche Grundlagen der Beurteilung ermittelt. Ohne ökotrophologischen Sachverstand kann man zumindest diesbezüglich anzweifeln, ob die der Studie zugrundliegenden Vergleichsdaten, die mittels Kohortenstudien von mit Rohkost- und Makrobiotik ernährten Kindern gewonnen wurden, hinreichende Aussagekraft für die verbreitete Form der supplementierten, gut geplanten veganen Kinderernährung haben und ob die DGE-Studie wissenschaftlichen Kriterien entspricht. Dies wird in der grundlegenden Kritik an der DGE-Studie mit schlüssigen Argumenten angezweifelt (*http://vegane-gesellschaft.de/archives/62/-Veganer-und-Nicht-Veganer.html*). Kernbereich der Kritik ist hierbei die Gleichstellung extremer Ernährungslehren mit einem ausgewogenen Veganismus.

Bei der Frage, ob die vegane Ernährung von Kindern tatsächlich ungesund ist, ist noch zu prüfen, wie die Situation bei der üblichen Beigabe von Nahrungsergänzungsmitteln wie Vitamin B_{12} etc. zu beurteilen ist. Hier sollte der Eigenverantwortung der Eltern und Kinder ein Selbstversorgungsspielraum gegeben werden und zumindest bei Kindern, die nachweislich bei veganer Ernährung keine Mangelzustände aufweisen, dem Bereitstellungsanspruch über den Gleichbehandlungsgrundsatz entsprochen werden.

Die Deutsche Gesellschaft für Ernährung hat in ihrer neuesten Stellungnahme vom April 2016 eine differenziertere Auffassung zu veganer Ernährung zugrunde gelegt. So führt sie auf ihrer Homepage aus: »Die Deutsche Gesellschaft für Ernährung e. V. (DGE) hat auf Grundlage der aktuellen wissenschaftlichen Literatur eine Position zur veganen Ernährung erarbeitet. Bei einer rein pflanzlichen Ernährung ist eine ausreichende Versorgung mit einigen Nährstoffen nicht oder nur schwer möglich. Der kritischste Nährstoff ist Vitamin B_{12}. Zu den potenziell kritischen Nährstoffen bei veganer Ernährung gehören außerdem Protein bzw. unentbehrliche Aminosäuren und langkettige n-3 Fettsäuren sowie weitere Vitamine (Riboflavin, Vitamin D) und Mineralstoffe (Calcium, Eisen, Jod, Zink, Selen). Für Schwangere, Stillende, Säuglinge, Kinder und Jugendliche wird eine vegane Ernährung von der

DGE nicht empfohlen. Wer sich dennoch vegan ernähren möchte, sollte dauerhaft ein Vitamin-B_{12}-Präparat einnehmen, auf eine ausreichende Zufuhr vor allem der kritischen Nährstoffe achten und gegebenenfalls angereicherte Lebensmittel und Nährstoffpräparate verwenden. Dazu sollte eine Beratung von einer qualifizierten Ernährungsfachkraft erfolgen und die Versorgung mit kritischen Nährstoffen regelmäßig ärztlich überprüft werden.« (*https://www.dge.de/wissenschaft/weitere-publikationen/dge-position/vegane-ernaehrung*)

Damit dürfte die Haltung der Verwaltung, nach der eine individuelle Supplementierung mit kritischen Nährstoffen unerheblich sei, da die DGE die Supplementierung generell ablehne, nicht mehr zu halten sein.

Um zweifelhaften Interpretationen der Schulverwaltungen zu dieser neuen Studie entgegenzutreten, hat der Blogger und vegane Aktivist Daniel Böhme anlässlich eines vom Autor begleiteten Gerichtsverfahrens ergänzende Fragen an die DGE gestellt, bei der geklärt werden sollte, ob die Behauptungen der Verwaltung, supplemtentierte vegane Ernährung sei problematisch, lehne die DGE Supplementierung generell ab und die Sonderstellung der veganen Kindern an Schulen sei hinnehmbar und stärke den Charakter, widerlegt werden können.

Dies ist, wie sich aus den nachfolgend zitierten Antwort der DGE ergibt, der Fall:

Besteht trotz Supplementierung und ärztlicher Kontrolle ein Risiko für Nährstoffdefizite bei veganer Ernährung von Kindern?
Hierauf antwortete die DGE sinngemäß, dass bei wenig abwechslungsreiche Ernährung ein größeres Risiko für Mangelerscheinungen besteht. Durch eine geschickte Lebensmittelauswahl, die Zufuhr von supplementierten Lebensmitteln und Nährstoffpräparaten sowie eine regelmäßige ärztliche Kontrolle könne vermieden werden, dass Nährstoffdefizite entstehen.
Ist es richtig, dass die DGE sich gegen Supplementierung ausspricht?
Auf diese Frage antwortete die DGE, dass auch bei gesunden Men-

schen Nährstoffdefizite gegeben sein können und bei der Gefahr von Nährstoffdefiziten eine Ergänzung mit Nährstoffpräparaten sinnvoll sein kann.

Sollen oder dürfen vegane Kinder gezwungen werden, Nahrung tierischen Ursprungs zu konsumieren?

Hierzu äußerte die DGE, dass sie generell ablehne, Kinder zum Verzehr von Mahlzeiten zu zwingen. Dies sei allerdings unabhängig von der jeweiligen Ernährungsweise. In diesem Zusammenhang weist die DGE daraufhin, dass es im Interesse der Kinder sei zur Prägung ihrer Sinne ein möglichst umfangreiches und vielfältiges Lebensmittelangebot zu erhalten.

Wie ist es aus ernährungswissenschaftlicher Sicht zu bewerten, wenn vegane Kinder sich vegane Bestandteile aus dem regulären Mittagessen herauspicken?

Auf diese Frage antwortete die DGE, dass es an drei Wochentagen problemlos möglich sei, Gerichte ohne tierische Bestandteile anzubieten und dabei trotzdem die Kriterien des DGE-Qualitätsstandards einzuhalten. Dies liege darin begründet, dass laut DGE Qualitätsstandard bezogen auf fünf Verpflegungstage mindestens zweimal Milch und maximal zweimal Fleisch/Wurst gefordert wird. Bei Kindern, die unabhängig davon, ob sie sich vegan oder anders ernähren, wie zum Beispiel bei sogenannten schlechten Essern, wie auch bei Essenspickern müssten die weiteren Mahlzeiten für einen entsprechenden Ausgleich bei der Nährstoffzufuhr sorgen. Bei Einhaltung der DGE-Qualitätsstandards sei eine adäquate Nährstoffzufuhr gewährleistet.

Und wenn Kinder zur Selbstversorgung auf eine Brotdose zurückgreifen?

Hierauf führte die DGE sinngemäß aus, es sei aus ökotrophologischer Sicht nicht relevant, zu welcher Tageszeit warm oder kalt gegessen werde. Auch könne über die Wertigkeit der individuell zusammengestellten Brotdose keine Aussage gemacht werden. Es sei zumindest möglich, diese ausgewogen zu gestalten.

Wie wichtig ist es für Kinder, dass ihnen ermöglicht wird, an der Gemeinschaftsverpflegung teilzunehmen? Oder: Welche Folgen hat es, Kinder von der Gemeinschaftsverpflegung auszuschließen?

Laut den DGE-Qualitätsstandards hinsichtlich der Schulverpflegung müsse »jeder Schüler die Möglichkeit haben [...], an der Mittagsverpflegung teilzunehmen, und zwar unabhängig vom jeweiligen sozioökonomischen und religiösen Hintergrund«. »Gemeinschaft« bedeutete primär, »dass die Kinder gemeinsam eine Mahlzeit verzehren. Es gibt durchaus Besonderheiten wie Lebensmittelunverträglichkeiten, Krankheiten etc., die es notwendig machen, dass ein Kind eine andere Mahlzeit einnimmt als andere Kinder. Daher wird in dem DEG-Qualitätsstandard für die Schulverpflegung darauf hingewiesen, dass diesen Kindern die Möglichkeit der Teilnahme an der Mahlzeit gegeben wird, z. B. durch ein spezielles Essensangebot, eine Auswahl einzelner Komponenten oder (falls nicht anders möglich) durch ein von zu Hause mitgebrachtes, aufzuwärmendes Essen.«

(Quelle: Stellungnahme der Deutschen Gesellschaft für Ernährung vom 2. Mai 2016, AZ: F-GV-AK-2016/es)

Aus diesen Aussagen lassen sich meines Erachtens folgende Konsequenzen ableiten:

> Vegane Kinder können, wenn sie supplementiert und ärztlich kontrolliert leben, ohne gesundheitliche Gefährdung ihrem Lebensstil folgen.
> Veganen Kindern soll nach den DGE-Standards, wie auch anderen Kindern, die aus religiösen oder gesundheitlichen Gründen Sondernahrung benötigen, wenn möglich ein spezielles Essensangebot unterbreitet werden.
> Da nach den DGE-Empfehlungen für alle Kinder drei vegane Mahlzeiten pro Woche ausreichend sind, hätte die Verwaltung lediglich

die Mühe, zwei weitere vegane Mahlzeiten beim Caterer zu bestellen oder von der Kantine zubereiten zu lassen.

> Veganen Kindern soll nach DGE-Qualitätsstandards die Teilnahme an einer Mahlzeit im Regelfall durch ein spezielles Essensangebot und nur im Ausnahmefall (falls nicht anders möglich) durch Selbstversorgung ersetzt werden.

Da in vielen Berliner Schulverträgen mit Caterern geregelt ist, dass sie diese Sonderessen ohne Kostenaufschlag mitbereitstellen müssen, folgt hieraus nach meiner Meinung, dass nach den DGE-Empfehlungen vegan essenden Kindern ein Sonderessen bereitgestellt werden soll.

Die Schulverwaltung wird daher ab sofort nicht mehr behaupten können, aufgrund der Empfehlungen der DGE kein veganes Essen zur Verfügung stellen zu können. Sollte dies dennoch geschehen, wäre dies ermessensfehlerhaft und damit rechtswidrig.

Solange die Frage der gesundheitlichen Bedenklichkeit der veganen Kinderernährung nicht wissenschaftlich widerlegt ist, ist eine restriktive Rechtsprechung möglich.

Sollten Verwaltungsgerichte die DGE insoweit missverstehen, dass sie ohne Einzelfallprüfung des supplementierten Kindes auf eine abstrakte Gefährdungslage der Kinder abstellen, empfiehlt es sich auf die Rechtsprechung der Sozialgerichte zum ernährungsbedingten Mehrbedarf bei Diabetikern zu verweisen. Dort ist, obwohl die DGE die meines Erachtens zweifelhafte These vertritt, ein genereller ernährungsbedingter Mehrbedarf bestehe bei Diabetikern nicht, der Mehrbedarf in einer Einzelfallprüfung durch Einkaufstagebücher nachweisbar.

Auch kann die wissenschaftliche Aussagekraft der DGE-Empfehlung angezweifelt werden, sofern vegane Ernährung bei Kindern nicht empfohlen wird. Hier kann man einwenden, dass im Gegensatz zu den angloamerikanischen Food-Administrations (Ernährungsbehörden), die zu 100 Prozent staatlich finanziert sind, die DGE nur zu 70 Prozent von staatlicher Finanzierung profitiert und 30 Prozent ihres Bedarfs selber durch Vortrags- und sonstige Aktivitäten bestreitet. Hier darf und sollte wie bei jeder wissenschaftlichen Studie ein etwaiger Interessenkonflikt offengelegt werden. Die wissenschaftliche Wertigkeit der DGE-Studie dürfte daher hinter den Studien der 100 Prozent staatlich finanzierten Ernährungsbehörden der anderen Länder zurückbleiben.

Mittlerweile liegt ein erstinstanzlicher Beschluss des Verwaltungsgerichts Berlin in einem Prozesskostenbewilligungsverfahren zu der Frage, ob ein Anspruch auf veganes Schulessen besteht, vor. In einem Beschluss vom 9. Mai 2016 unter dem Aktenzeichen VG 3K 503.15 hat das Verwaltungsgericht Berlin sich zu der Fragestellung, ob ein Anspruch auf Bereitstellung von veganem Essen besteht, geäußert. Als Rechtsgrundlage für einen derartigen Anspruch hält das Verwaltungsgericht den bereits erwähnten § 19 Abs. 3 Satz 1 des Schulgesetzes Berlin für ausschlaggebend.

Nach Auffassung des Verwaltungsgerichts Berlins ist die Verwaltungsbehörde zur Organisation des Schulalltags berechtigt, einfache Regelungen zu erlassen. Bei derartigen schulorganisatorischen Maßnahmen stehe der Verwaltung ein weiter Gestaltungsspielraum zu. Das Verwaltungsgericht könne lediglich prüfen, ob das schulorganisatorische Ermessen bei der Entscheidung fehlerhaft ausgeübt wurde. Hierbei sei es ermessensfehlerfrei, sich an den Qualitätsstandards für die Schulverpflegung und ergänzenden Empfehlung der DGE zu orientieren. Diese Orientierung sei bereits in der Begründung des Gesetzes über die Qualitätsverbesserung des Schulmittagsessens vom 19. März 2013 vorgesehen. Dies sei sogar dann der Fall, wenn die wissenschaftliche Bewertung einer veganen Ernährung von Grundschulkindern nicht unumstritten sei. Die Schulverwaltung dürfe der DGE als bundesweit anerkannter, unabhängiger Institution auf dem Gebiet der Ernährungswissenschaft folgen. Die Schulverwaltung genüge der Pflicht, ethische und religiöse Aspekte angemessen zu berücksichtigen, wenn geprüft wurde, ob der Essenswunsch mit angemessenem Aufwand erfüllt werden kann. Dies sei jedoch in dem geprüften Fall nicht so gewesen, weil der Ausschluss jeglicher tierischer Bestandteile aus den Menüs eine individuelle Zubereitung von wenigen Portionen in der Großküche erfordern würde. Eine Ausgrenzung des Kindes vom Schulmittagessen sei nicht gegeben, da ein selbstmitgebrachtes Essen verzehrt werden könne. Einen Anspruch auf ein Schulessen, das sämtlichen religiösen und ethischen Aspekten entspricht, gäbe es nicht.

Als das Verwaltungsgericht Berlin diesen Beschluss verfasste, kannte es den Böhme-Brief und die Antwort der DGE noch nicht.

Unter Zugrundelegung der These des Verwaltungsgerichts, dass die Senatsverwaltung Berlin sich an den Qualitätsstandards der DGE orientieren kann, ist davon auszugehen, dass die Verwaltungsbehörde diese Qualitätsstandards auch konsequent anwenden und einhalten muss. Verwaltungsrechtlich wird dies über den Begriff der »Selbstbindung der Verwaltung« beschrieben.

In dem oben genannten Antwortschreiben an Daniel Böhme hat die DGE ihre Qualitätsstandards näher dargelegt. Hierbei hat sie Folgendes ausgeführt: »Das bedeutet konkret, dass es rein rechnerisch an drei Tagen pro Woche problemlos möglich ist, Gerichte ohne tierische Bestandteile anzubieten und gleichzeitig die Kriterien des DGE-Qualitätsstandards einzuhalten. Wenn ein Mittagessen auf Basis des ›DGE-Qualitätsstandard für Schulverpflegung‹ angeboten und von den Kindern verzehrt wird, ist in Bezug auf die Mittagsmahlzeit von einer adäquaten Nährstoffzufuhr auszugehen.«

Diese wichtige Information hat das Verwaltungsgericht bei seiner Prüfung, ob der Essenswunsch der Klägerin mit angemessenem Aufwand erfüllt werden kann, nicht gekannt und daher nicht geprüft. Es wäre zu prüfen gewesen, ob es durch die Verwaltung organisierbar ist, an zwei von fünf Tagen der Woche zusätzlich veganes Essen zur Verfügung zu stellen. Das Gericht hätte mit dieser Information zudem dem Antrag der Klägerin auf Bereitstellung von veganem Essen bereits für drei Tage pro Woche stattgeben können.

Das Gericht und die Senatsverwaltung haben aber auch die Prüfungen von weiteren Alternativen unterlassen, die bei einer Güterabwägung im Rahmen einer Ermessensentscheidung angezeigt gewesen wären. Das Gericht hätte nicht ungeprüft der Information des Schulcaterers vertrauen dürfen, nach dem das Zubereiten von veganen Mahlzeiten mit einem besonderen Aufwand verbunden sei. Dagegen spricht, dass andere Berliner Caterer bereit sind, veganes Essen an Schulen anzuliefern, wenn mindestens zehn Mahlzeiten bestellt werden. Das Gericht hat auch nicht die Möglichkeit geprüft, ob eine Fremdanlieferung für vegane Schüler mit angemessenem Aufwand möglich gewesen wäre. Schließlich hätte auch die Möglichkeit bestanden, einen Caterer zu beauftragen, der sowohl nicht-vegane wie auch vegane Mahlzeiten ohne Aufpreis zur Verfügung stellt. Ein derartiger Caterer ist in Berlin vorhanden. Bei der Angemessenheitsprüfung ist insbesondere auch zu berücksichtigen, dass die Eltern sich nach dem Berliner Schulgesetz verpflichten müssen, ihre Kinder an der Gemeinschaftsverpflegung teilnehmen zu lassen. Vor diesem Hintergrund scheint es angemessen, von der Verwaltung zu verlangen, den Aufwand eines Catererwechsels zu betreiben bzw. für zwei Tage eine Fremdbelieferung zu organisieren oder zumindest den Caterer anzuweisen, nach den DGE-Standards an mindestens drei Tagen veganes Essen zur Verfügung zu stellen. Im Rahmen einer Verhältnismäßigkeitsprüfung sind immer Alternativen zu erwägen, die weniger belastend für die Betroffenen sind. Die vorbezeichneten, weniger belastenden Alternativen sind für die Schulverwaltung zumutbar und belasten die vegan essenden Kinder weniger.

Hinzu kommt, dass die gemeinsame Versorgung aller Kinder auch nach den DGE-Richtlinien wünschenswert ist. Vor diesem Hintergrund ist zu fordern, dass die Senatsverwaltung die Qualitätsstandards der DGE nicht nur zu Lasten, sondern auch zu Gunsten der Veganer anwendet. Unter Zugrundelegung dieser neuen Informationen sollte eine andere Entscheidung angezeigt sein.

Von den Schulverwaltungen ist daher zu verlangen, dass sie bei der Prüfung, ob mit angemessenem Aufwand der Essenwusch veganer Kinder erfüllt werden kann, größere Anstrengungen unternehmen. Dies hätte den positiven Nebeneffekt, dass auch andere Caterer bereit wären, ihre Trägheit in Bezug auf die Zubereitung von veganer Ernährung zu überwinden.

Meines Erachtens ist daher die Bereitstellung von veganem Schulessen mit angemessenem Aufwand organisierbar. Je mehr Schulcaterer auch veganes Essen anbieten, desto weniger lässt sich argumentieren, dass es einen unangemessenen schulorganisatorischen Verwaltungsaufwand bedeutet, diese mit dem Catering zu beauftragen.

Der Beschluss des Verwaltungsgerichts Berlin hat für die Erreichung des Zieles, veganes Essen an Schulen zu erhalten, auch wichtige positive Aspekte. Viele Caterer haben aus Angst davor, kein veganes Essen anliefern zu dürfen, auf die Zubereitung von veganen Essensalternativen verzichtet. Unter Vorlage des Beschlusses und den Empfehlungen der DGE im Böhme-Brief lässt sich nachweisen, dass veganes Catering erlaubt und an drei Tagen pro Schulwoche sogar wünschenswert ist. Wenn ein Caterer ebenfalls veganes Essen anbietet, ist die Versorgung der Kinder ohne weitere Einbindung der Schulverwaltung gewährleistet. Es ist daher erstrebenswert, möglichst viele Caterer in Hinblick auf veganes Essen rechtlich und kochtechnisch zu schulen, damit eine flächendeckende Versorgung erreicht werden kann.

Bis zur endgültigen Klärung ist den Betroffenen übergangsweise die Versorgung nach dem Berliner Modell zu empfehlen. Hierbei handelt es sich um einen praktischen Weg, bei dem unter Beachtung der gängigen Rechtsauffassung der Behörden die Eltern von dem Selbstversorgungsrecht Gebrauch machen und über die Ersparnis, die sie aus der Kostenumlagebefreiung realisieren, eine vegane Verpflegung für ihre Kinder organisieren. Hierfür wurde ein Caterer gefunden, der ab zehn Lieferungen pro Schule ein entsprechendes Angebot unterbreitet. (Das Modell wurde in Zusammenarbeit von den veganen Elternaktivisten Patrik Vater, Daniel Böhme, Simone Gröschel vom VEBU und dem Autor entwickelt. Mit zurzeit sechs Schulen ist zumindest ein Anfang für die flächendeckende Versorgung an Schulen gemacht.)

Nunmehr liegt ein Beschluss des Oberverwaltungsgerichts Berlin-Brandenburg Aktenzeichen OVG 3 M 56.16 vom 27. Juli 2016 vor, der im Gegensatz zum Beschluss des Verwaltungsgerichts sehr gut recherchiert und begründet ist. In dem Beschluss werden einige richtungsweisende Hinweise erteilt, die hier erläutert werden:

Die Aktivlegitimation liegt wohl bei der Schülerin, vertreten durch die Erziehungsberechtigten. Bei zukünftigen Klagen sollte daher im Namen des Schülers vertreten durch die Erziehungsberechtigten Klage erhoben werden. Dies begründet das OVG mit Verweis auf die Entscheidung OVG Berlin-Brandenburg, Beschluss vom 18. März 2014-OVG 3S 10.14 zum Anspruch auf Schülerbeförderung in Brandenburg.

Als Klageart ist wohl nicht, wie erstinstanzlich vom Verwaltungsgericht angenommen, die Verpflichtungsklage, sondern die Leistungs- bzw. Feststellungsklage zu wählen, wenn nicht durch Verwaltungsakt über das Begehren entschieden werden kann. Daher ergibt sich ein anderer Prüfungsmaßstab, nämlich der von § 113 Abs. 5 VWGO.

Ein Leistungsanspruch auf vertraglicher Grundlage gegenüber dem Schulträger scheidet aus, da im vorliegenden Fall der Kläger eine Befreiung von der Schulverpflegung erlangt hat. Das bedeutet, dass nach Auffassung des OVG Berlin, diejenigen, die die Befreiung von der Gemeinschaftsverpflegung verlangt haben, ihrerseits nicht verlangen können, veganes Essen geliefert zu bekommen. Ich halte dies deshalb nicht für zwingend, da man auch die Befreiung unter der Bedingung beantragen kann, dass man kein veganes Essen erhält.

Nach Auffassung des OVG Berlins gibt es weder einen allgemeingültigen Rechtssatz noch ein Rechtsverhältnis mit dem Inhalt, dass die Schulverwaltung verpflichtet sei, ein veganes Mittagessen zu liefern. Ein entsprechender Anspruch ließe sich nicht aus § 19 Abs. 3 Satz 1 Schulgesetz ableiten, denn dieser regele ausdrücklich ein Angebot, das grundsätzlich ein kostenbeteiligungspflichtiges Mittagessen umfasse. § 19 Abs. 3 Schulgesetz erhalte zudem das ergänzende Angebot, dass Kinder auf eigene Kosten ein Mittagessen erhalten können. Neben diesen beiden Möglichkeiten, die Angebote anzunehmen, sei ein Anspruch nicht ersichtlich. Dies auch im Hinblick auf die Entstehungsgeschichte der Vorschrift, insbesondere da auch in der Begründung des Gesetzesentwurfes ausgeführt wurde, dass eine Mahlzeit an Grundschulen angeboten werden solle. Da es sich nur um ein Angebot handele, sei der Kläger nicht gezwungen, für seine Tochter ein Schulmittagessen anzunehmen. Die Systematik des Gesetzes zeige ferner, dass eine Beteiligung der Schüler und Eltern nur durch ihre Vertreter im Rahmen der Schulkonferenz und deren Mittagessens-Ausschusses erfolgen soll, zu dessen Aufgaben insbesondere die Qualitätssicherung und -kontrolle des Mittagessens zählt. Der Beschluss lässt eine Prüfung vermissen, ob nicht aus dem Gleichbehandlungsanspruch ein feststellungsfähiges Rechtsverhältnis oder ein Leistungsanspruch abgeleitet werden kann.

Positiv ist jedoch, dass nach dieser Auslegung der Schulgesetze eine Befreiung von der Gemeinschaftsverpflegung durchgängig begründbar ist, da es sich nach den Gesetzesmaterialien nur um ein Angebot handelt, dass man nicht annehmen muss. Der Weg zu einer veganen Versorgung in Schulkantinen ist durch diese Rechtsprechung dahingehend klar vorgezeichnet, dass über ein Engagement in der Schulkonferenz und den Mittagessenausschüssen erreicht werden kann, dass Caterer beauftragt werden, die auch veganes Essen anbieten.

Der VEBU hat sich dieser Thematik dadurch angenommen, indem er über die Aktion »Pflanzen-Power« Caterer dahingehend schult, wie sie veganes Essen professionell und gemäß den Empfehlungen der DGE anbieten können. Dies und das zu erhoffende Engagement vieler Eltern für veganes Essen auf Schulkonferenzen wird langfristig dazu führen, dass eine flächendeckende Versorgung mit veganem Essen an Schulen erreicht werden kann.

Praxistipps

> Aktuellen Forschungsstand zur Gesundheit veganer Kinderernährung beobachten.

> Sobald vegane Kinderernährung nach der herrschenden Meinung der Ernährungswissenschaft als unbedenklich gilt, vegane Ernährung in der Schulkonferenz vehement einfordern.

> Bereits jetzt unter Hinweis auf die neue DGE-Studie und den Böhme-Brief veganes Essen bei der Schulverwaltung und auf der Schulkonferenz einfordern.

> Bis dahin Selbstversorgung nach dem Berliner Modell organisieren.

Bereitstellung von veganem Essen und Befreiung von Kostenumlagen in ausgewählten öffentlichen Einrichtungen

Der barrierefreie Zugang zu ethischer Sonderernährung in öffentlichen Einrichtungen war Gegenstand einer kleinen Anfrage des Abgeordneten Simon Kowalewski im Sommer 2012 im Berliner Abgeordnetenhaus. Die Antwort ergab, dass die Versorgung mit vegetarischem Essen nahezu flächendeckend gewährleistet, aber der Zugang zu veganem Essen hingegen vielerorts verbesserungsbedürftig ist.

In Schulen und Kitas

In Schulen und Kitas besteht derzeit die Möglichkeit der Befreiung von der Kostenumlage und der Selbstversorgung nach dem Berliner Modell.

Nach der bisherigen Rechtsprechung ist die Selbstversorgung durch Eltern der rechtliche Mindeststandard. So hat das Verwaltungsgericht ausgeführt, dass die Möglichkeit selbst mitgebrachte Nahrung in einer vom Staat gestellten Mikrowelle aufzuwärmen den Rechten der Betroffenen genügt.

Selbst dieser Mindeststandard wird noch häufig missachtet. So musste im Rahmen eines Musterverfahrens, die Gemeinde Lampertswalde davon überzeugt werden, dass Kita-und Schulkinder einen Anspruch auf dieses Selbstversorgung haben. (Näheres unter https://www.peta.de › Pressemitteilungen › Veggie)

Mittlerweile beschäftigt sich das Bundesverfassungsgericht im Rahmen einer Verfassungsbeschwerde mit der Frage, ob nicht doch ein Anspruch auf Bereitstellung auf veganes Essen aus dem Gleichbehandlungsanspruch abgeleitet werden kann, da nicht vegane Kinder eine Essensförderung durch staatliche Leistungen erhalten.

Bundeswehr und Behörden mit notwendiger Gemeinschaftsverpflegung

Bei Bundeswehr, Landes- und Bundespolizei besteht die Möglichkeit, Befreiungsanträge von der Gemeinschaftsverpflegung zu stellen. Im Einzelfall kann jedoch die fehlende Befreiung durch dringende öffentliche Interessen gerechtfertigt sein. Bei der Bundeswehr ist der Komponentenaustausch in Kombination Selbstversorgung möglich, praktisch aber noch verbesserungsbedürftig.

Das Verteidigungsministerium hat PETA zugesichert, dass freiwillige Wehrdienstleistende, für den Fall, dass sie keine vegane Ernährung erhalten, den Tagesnahrungsmittelsatz ausbezahlt bekommen.

Die Auszahlung des Tagesernährungssatzes wurde auch schon für Polizeibeamte erreicht, die an Demonstrationseinsätzen teilnehmen und damit in der nicht veganen Gemeinschaftsverpflegung eingebunden waren.

In Krankenhäusern und Pflegeeinrichtungen

Krankenhäuser und Pflegeeinrichtungen stellen regelmäßig bereits Vollwertkost, Reduktionskost, vegetarische Kost sowie Halal-Kost zur Verfügung. Für vegane Patienten besteht zumindest die Möglichkeit der Selbstversorgung und bei flexiblen Einrichtungen im Einzelfall die Möglichkeit des Komponentenaustausches von nicht-veganen Komponenten bei der bestehenden vegetarischen Kost. In der Praxis zeigt sich leider, dass vegane Patienten in einigen Krankenhäusern kein veganes Essen erhalten. In diesen Fällen sollte man um eine Motivation zur Veränderung zu setzten, von den Krankenkassen den Krankenhaustagesatzanteil für Ernährung von derzeit etwa 3,50 Euro zurückverlangen. Die Krankenkassen erbringen ihre Leistungen nach dem Sachleitungsprinzip. Wenn keine Sachleistung, hier die Bereitstellung von Essen unter Verweis auf Selbstversorgung, erfolgt, kann sich der Sachleistungsanspruch in einen Auszahlungsanspruch umwandeln. Es ist nicht einzusehen, dass die Krankenhäuser Geld für eine nicht erbrachte Leistung erhalten sollen.

Durch einen intensiven Einsatz und mit Unterstützung von Andreas Schoefbeck,dem Vorstand der BKK Pro Vita, ist es nunmehr gelungen, für alle deutschen Krankenhäuser die Möglichkeit einer Fortbildung zu veganer Ernährung anzubieten. Diese Fortbildung wird erstmalig im Jahr 2018 angeboten. Sie wird von der BKK Pro Vita finanziert und von der deutschen Krankenhausakademie, der offiziellen Fortbildungseinrichtung für Krankenhäuser, durchgeführt. Qualifizierte Ärzte und Köche mit veganer Großküchenerfahrung führen hier eine hochqualitative Fortbildung durch.

Praxistipps

> Vor dem Krankenhausbesuch klären, ob veganes Essen bereitgestellt wird.

> Gegebenenfalls Selbstversorgung organisieren.

> Bei fehlendem veganem Essen aus motivatorischen Gründen bei der Krankenkasse die Auszahlung des Ernährungstagessatzes verlangen.

PETA plant hierzu ergänzend eine White List zu veröffentlichen, nach der sich vegane Patienten orientieren können, in welchem Krankenhaus sie auch vegane Ernährung erhalten.

In Altersheimen

Es gibt zunehmend Fälle, bei denen in Altersheimen der Wunsch der Bewohner nach vegetarischer oder veganer Ernährung übergangen wird, insbesondere wenn die Betroffenen dement oder sonst hilflos sind. Aufgrund dieser empörenden Fälle sollte man den veganen und vegetarischen Ruhestand rechtzeitig und sorgfältig vorbereiten. Dazu gehört die Auswahl von vertrauenswürdigen Einrichtungen und die Fertigung einer Vorsorgevollmacht,

Praxistipps

> Auswahl vertrauenswürdiger Einrichtungen.

> Zertifizierung veganer und vegetarische Einrichtungen anstreben.

> Vorsorgevollmacht mit Betreuung einer ausgewählten Vertrauensperson erstellen.

> Bei Zwangsernährung mit Fleisch zur Abschreckung Schmerzensgeld einklagen.

mit der man eine Person des Vertrauens für den Fall der Demenz und Hilflosigkeit beauftragt, ein Auge auf die vegane und vegetarische Versorgung zu haben. Zudem ist es wünschenswert, langfristig Zertifizierungen für vegane und vegetarische Einrichtungen zu erreichen.

In Gefängnissen

Wie bereits dargestellt, besteht nach der Rechtsprechung des Kammergerichts Berlin kein Anspruch auf Bereitstellung von ethischer Sonderernährung durch den Staat. Die Insassen haben aber gegebenenfalls die Möglichkeit der Selbstversorgung sowie des Austausches von Essenkomponenten, so dass sie aus vorhandenen veganen Komponenten eine vegane Mahlzeit zusammenstellen können. Dieser Anspruch sollte unter Berufung auf folgende Vorschriften geltend gemacht werden:

> 21 StVollzG – Anstaltsverpflegung: »dem Gefangenen ist zu ermöglichen, Speisevorschriften seiner Religionsgemeinschaft zu befolgen ...«
> § 21 Nr. 1 Abs. 3 der VV zu § 21 StVollzG sieht vor, dass bei Gefangenen, die religiösen Speisegeboten unterliegen, auf Antrag Bestandteile der Anstaltsverpflegung, die er nicht verzehren darf, gegen andere Nahrungsmittel ausgetauscht werden sollen.

Dies bedeutet, bei religiösen Veganern (z. B. Jains) können Milch- und evtl. Eiprodukte der vegetarischen Ernährung ausgetauscht werden. Bei säkularen Veganern ist das nicht sicher. (Ungleichbehandlung/Diskriminierung wegen Weltanschauung AGG Art. 3 GG) Betroffene sollten daher unbedingt Ihren Anspruch zusätzlich über den Schutz Ihrer Weltanschauung nach Art. 9 der europäischen Menschenrechtskonvention begründen und auf das einschlägige Urteil des EuGH verweisen: H v the UK ECtHR App. 18187/91.

Eine vollwertige vegane Versorgung der Häftlinge wird durch den Komponentenaustausch nicht möglich sein und es ist damit zu rechnen, dass diese Lücken nicht von jedem Häftling über die Selbstversorgung geschlossen werden können. Es wäre daher begrüßenswert, wenn die vegane Szene vegane Häftlinge bei der Selbstversorgung unterstützt, wie dies bei religiösen Häftlingen durch ihre muslimischen oder jüdischen Gemeinden geschieht.

Zudem ist es erstmals gelungen, mit der Gefängnisverwaltung in Berlin abzustimmen, dass diese das Komponentenwahlrecht der Insassen bestätigen und für die Praxis gegenüber PETA zugesagt haben. PETA wird diesbezüglich alle Gefängnisverwaltungen aller Bundesländer kontaktieren, um die Situation für Strafgefangene zu verbessern.

Praxistipps

> Sofort nach Inhaftierung Antrag auf Komponentenaustausch nicht-veganer Essenskomponenten stellen. Hierbei auf folgende Urteile verweisen:

– Kammergericht Berlin AZ2WS326/11

– EuGHMR AZ17/12/2011 (Vartic gegen Rumänien)

– H v the UK ECtHR App. 18187/91

> Externe Versorgungsmöglichkeiten prüfen.

Vegan in der Schule

Unabhängig von der reinen Ernährungsfrage gibt es für Veganer und Vegetarier auch andere Konfliktfelder an Schulen. In vielen Schulen muss im Hauswirtschaftsunterricht von den Kindern Fleisch gekocht werden, da dies im Lehrplan verankert ist. Was ist, wenn vegetarische Kinder dies nicht wollen? Ist eine schlechte Note gerechtfertigt, nur weil sie ihrem Gewissen folgen? Gehört Fleischzubereitung zu den unabdingbar zu erlernenden Fertigkeiten im Haushalt?

Fleischzubereitung im Hauswirtschaftsunterricht
Es stellt sich in diesen Fällen die Frage, wie die Gewissensfreiheit der Kinder mit der angeblich unterrichtsbedingten Notwendigkeit der Fleischzubereitung abgewogen werden kann. Brauchen vegetarische Kinder wirklich die Fähigkeit, Fleisch zuzubereiten, um Grundkenntnisse der Hauswirtschaft zu erlernen? Kann man derartige Fertigkeiten nicht auch an veganen Fleischersatzprodukten einüben?
Das Bundesverwaltungsgericht hat in dem ähnlichen Fall – Tierversuche im Biologiestudium – folgende Abwägungen getroffen (BverwG, 12.07.1997 6B 86.97 [unter https://dejure.org]):

> »Das Grundrecht der Gewissensfreiheit nach Art. 4 Abs. 1 GG berechtigt einen Studenten nicht dazu, selbst zu entscheiden, welche Leistungen erforderlich sind, um ein Praktikum mit Erfolg zu absolvieren. Ebensowenig ist Art. 4 Abs. 1 GG zu entnehmen, dass ein Leistungsnachweis für ein universitäres Praktikum selbst dann zu erteilen ist, wenn geforderte Leistungen aus Gewissensgründen nicht erbracht worden sind (im Anschluss an das Urteil des Senats vom 18. Juni 1997 –BverwG 6C 5.96- Buchholz 421.2 Nr. 151).«

Das Bundesverwaltungsgericht brachte die Frage der Abwägung von Grundrechten bei alternativen Ausbildungsmöglichkeiten wie folgt auf den Punkt:

> »Kann ein Student einen Teilnahmeschein betreffend die zoologische Anfängerübung erhalten, wenn er durch eine teilweise Beteiligung an den praktischen Übungen, durch ein beobachtendes Begleiten der praktischen Übungen seiner Kommilitonen und durch ergänzende private Fortbildung imstande war, das gewonnene Verständnis für die Komplexität tierischer Organismen als dem Ausbildungsziel entsprechend in einer Klausur nachzuweisen, wenn sich das Bestehen des Praktikumsleiters und der Beklagten auf das Absolvieren sämtlicher Übungen hiernach also als Eingriff in die Gewissensentscheidung des Studenten und sein Gleichbehandlungsrecht unter lediglich formaler Begründung mit der Lehrfreiheit darstellt?«

Danach beantwortete es die Frage:

> »Auch dem Grundrecht der Gewissensfreiheit nach Art. 4 Abs. 1 GG ist nicht zu entnehmen, dass ein Leistungsnachweis selbst dann zu erteilen ist, wenn die geforderten Leistungen, sei es auch aus Gewissensgründen, nicht erbracht worden sind.

Der Entscheidung des Senats vom 18. Juni 1197-BverwG 6 C 5.96 kann anderes nicht entnommen werden. Aus dieser Entscheidung geht vielmehr hervor, dass ein Student, dem sein Gewissen die Teilnahme an zoologischen Praktika mit eigens dafür getöteten Tieren verbietet, allenfalls vor Beginn eines Praktikums bei dem zuständigen Hochschullehrer bzw. Prüfungsamt – notfalls auch durch Beschreiten des Rechtswegs – erreichen kann, dass die Leistungsanforderungen modifiziert werden. Er hätte hierzu für jede einzelne sein Gewissen belastende Übung konkrete und im Hinblick auf das Ausbildungsziel geeignete

Angebote gewissensschonender Alternativübungen zu unterbreiten. Der genannten Entscheidung des Senats vom 18. Juni 1997 (a.a.O.) ist zu entnehmen, dass diese Angebote ggf. zu akzeptieren sind, wenn weder der Ablauf des regulären Praktikums gestört wird, noch die Bereitstellung alternativen Materials mit unverhältnismäßigem Aufwand verbunden und auch der Ausbildungserfolg nicht in Frage gestellt ist. Hieraus ist ohne weiteres zu folgern, dass auch Gewissensgründe einen Studenten nicht dazu berechtigen, selbst zu entscheiden, welche Leistungen erforderlich sind, um ein universitäres Praktikum mit Erfolg zu absolvieren.«

Dies kann auf den Fall der Schüler derart angewendet werden, dass vegane und vegetarische Schüler zunächst beim Klassenlehrer und/oder beim Schulamt, um die Alternativzubereitung von veganem Ersatzfleisch bitten. Hierbei ist der ethische Hintergrund im Detail offenzulegen. Auf Art. 4 GG und Art. 9 EMRK und die damit verbundene Gewissensfreiheit sollte hingewiesen werden. Zudem ist es empfehlenswert, damit zu argumentieren, dass z. B. Seitan bezüglich der Textur und der Garpunkterfordernis mit Fleisch vergleichbar ist und daher die Fertigkeiten des Kochens von Fleisch und Fleischersatzprodukten erfolgreich gelernt werden können. Auch Panieren von Tofu kann ethisch vertretbar eingeübt werden. Sollten Lehrer und Schulamt sich sträuben und das Kind schlecht benoten, verbleibt der Klageweg über einen Fachanwalt für Verwaltungsrecht.

Praxistipps

> Mit dem Lehrer, ggf. auch Vertrauenslehrer und dem Direktor sprechen.

> Alternative Lernmöglichkeiten anbieten.

> Gegebenenfalls das Thema auf Klassen- und Schulkonferenzen ansprechen.

> Für die Änderung der Lehrpläne eintreten.

Das Problem sollte aber von den vegetarischen und veganen Verbänden bei den Kultusministern thematisiert werden, um zukünftige Lehrpläne für das Fach Hauswirtschaft so anzupassen, dass auch vegane und vegetarische Schüler und Lehrer ihrem ethischen Verständnis gemäß Nahrung zubereiten können.

Übrigens: Derzeit gehört Sezieren nicht mehr zum Lehrplan. Ansonsten sollte man sich ähnlich wie beim Hauswirtschaftsunterricht verhalten und alternative Lernmethoden anbieten.

Zirkus- und Zoobesuche

In Tierrechtkreisen wird immer wieder hochemotional diskutiert, ob Kinder an von der Schule geplanten Zirkus- oder Zoobesuchen teilnehmen sollen und müssen. Hier sollten Eltern zuallererst auf die Befindlichkeit ihres Kindes achten. Das Kind ist durch die fehlende Teilnahme möglicherweise einem Loyalitätskonflikt ausgesetzt. Zudem kommt es häufig zu einem ebenfalls belastenden Rechtfertigungszwang gegenüber Lehrern und Mitschülern.

Bei Schulveranstaltungen ist zu beachten, dass ein reines Fernbleiben einen Verstoß gegen die Schulpflicht begründen kann. Es sollte daher, unter Berufung auf den ethischen Konflikt des Kindes, beantragt werden, das Kind von der Veranstaltung zu befreien. Der Schulpflicht wird durch Unterricht in der Parallelklasse Genüge getan. Meistens müssen die teilnehmenden Kinder später einen Aufsatz über den Zirkusbesuch schreiben. Das vegane Kind sollte daher ein Alternativaufsatzthema anbieten.

Praxistipps

> Befindlichkeit des Kindes über den eigenen ethischen Anspruch stellen.

> Befreiung von der Veranstaltung beantragen.

> Unterricht in Parallelklasse anbieten.

> Bei Aufsatz zu Zoo- oder Zirkusbesuch Alternativthema anbieten.

Vegan in der Familie

Streitigkeiten über gesundes und richtiges Essen innerhalb von Familien gehören zum normalen Alltag. Problematisch werden diese Streitigkeiten meist erst, wenn sich Eltern trennen. Dann werden vormals unterstützte oder mitgetragene Ernährungsvorlieben und Gewohnheiten missbraucht, um das alleinige Sorgerecht zu erstreiten. Mein Erbrechtsprofessor sagte einmal: »Beim Erb- und Familienrecht lernen Sie die Menschen kennen.« Leider bestätigt sich dieser Zynismus im Lebensalltag der anwaltlichen Familienrechtspraxis. Man kann an dieser Stelle nur an alle Eltern appellieren, ihre Kinder nicht mit Erwachsenenproblemen zu überfrachten. Die Kinder sind von Loyalitätskonflikten überfordert und auch als Ersatzpartner und Beschwerdestelle völlig ungeeignet.

Sorgerechtsentzug bei nahrungsbedingter Mangelerscheinung aufgrund veganer Ernährung

Eine beunruhigende Fallkonstellation besteht, wenn das Jugendamt oder ein in der Regel in Trennung lebender Ehegatte oder nicht-ehelicher Sorgeberechtigter einen Sorgerechtsentzug aufgrund von Kindeswohlgefährdung wegen »gesundheitlicher Probleme in Folge von veganer Ernährung« beantragt.

Hier müssen Eltern sich vernünftig und geschickt verhalten, damit sie das Sorgerecht behalten. Wenn man nachfolgende Empfehlungen befolgt, dürfte in der Regel das Sorgerecht nicht gefährdet sein.

Kindeswohlgefährdung
Ein Sorgerechtsentzug kann nur bei Kindeswohlgefährdung erfolgen. Der BGH definiert Gefährdung wie folgt: »Eine gegenwärtige in einem solchen Maße vorhandene Gefahr, dass bei der weiteren Entwicklung eine erhebliche Schädigung mit ziemlicher Sicherheit zu erwarten ist.« (Näheres unter BGH FamRZ 1956, S. 350; NJW 1956, S. 1434). Mit diesem Hintergrundwissen können Eltern eine nahrungsbedingte Kindeswohlgefährdung ausschließen. Hierbei empfiehlt es sich, die nachfolgenden Maßnahmen zu ergreifen.

Prävention
Die gravierendste und sehr ernste Konstellation ist gegeben, wenn Kinderärzte das Jugendamt einschalten, weil die Gesundheit des Kindes aufgrund von auftretenden Mängelerscheinungen gefährdet scheint. Hierzu sind die Ärzte verpflichtet. Dem kann man dadurch vorbeugen, dass man einen der Pflanzenkost gegenüber aufgeschlossenen Kinderarzt im Rahmen der freien Arztwahl aufsucht, der sich mit potentiellen Mangelerscheinungen auskennt und entsprechend therapiert. Es ist ohnehin eine hohe Kunst, sich ausgewogen zu ernähren. Gerade bei veganer Ernährung gehört ein fundiertes Wissen von ernährungswissenschaftlichen Erkenntnissen zur kindeswohlgerechten Ernährung. Diesbezüglich gibt es mittlerweile gute weiterführende Literatur von Ernährungswissenschaftlern wie z. B. »Vegetarische Ernährung« von Prof. Dr. Leizmann und Dr. Markus Keller.

Regelmäßige Screenings
Des Weiteren empfehlen sich folgende regelmäßige Untersuchungen, um etwaige Mangelerscheinungen rechtzeitig zu erkennen: Bei Ernährungswissenschaftlern ist noch umstritten, ob vegane Ernährung (neben Vitamin-B_{12}- und -D-Mangel) auch zu anderen Mangelerscheinungen führen kann. Daher sollten folgende Werte in Absprache mit dem Kinderarzt in regelmäßigen Abständen überprüft werden. Bei der nachfolgenden Auflistung wird von der herrschenden Meinung in der

Wissenschaft ausgegangen, da diese für die Beurteilung etwaiger Kindeswohlgefährdungen von den gerichtlich bestellten Gutachtern vertreten werden wird:

> Vitamin B_{12}: ohne Supplementierung sichere Mangelerscheinung.
> Vitamin D: Mangelerscheinungen sollten zumindest im Winter durch Supplementierung verhindert werden.
> Vitamin A: Strittig ob Carotin-Versorgung durch vegane Ernährung genügt, im Zweifel supplementieren.
> Jod: Veganer sind eine Risikogruppe für Jodmangel, daher überprüfen und ggfs. supplementieren.
> Kalzium: Mangelerscheinungen können auftreten, sie sollten überprüft werden und ggfs. supplementiert werden.
> Proteine: Proteinmangel kann zu Wachstumsverzögerungen bei Kindern führen, sodass sich empfiehlt, auch hier eine regelmäßige Überprüfung vorzunehmen.

Die DGE geht noch weiter und empfiehlt Veganern auf Nachfolgendes zu achten: »Bei einer rein pflanzlichen Ernährung ist eine ausreichende Versorgung mit einigen Nährstoffen nicht oder nur schwer möglich. Der kritischste Nährstoff ist Vitamin B_{12}. Zu den potenziell kritischen Nährstoffen bei veganer Ernährung gehören außerdem Protein bzw. unentbehrliche Aminosäuren und langkettige n-3 Fettsäuren sowie weitere Vitamine (Riboflavin, Vitamin D) und Mineralstoffe (Calcium, Eisen, Jod, Zink, Selen). Für Schwangere, Stillende, Säuglinge, Kinder und Jugendliche wird eine vegane Ernährung von der DGE nicht empfohlen. Wer sich dennoch vegan ernähren möchte, sollte dauerhaft ein Vitamin-B_{12}-Präparat einnehmen, auf eine ausreichende Zufuhr vor allem der kritischen Nährstoffe achten und gegebenenfalls angereicherte Lebensmittel und Nährstoffpräparate verwenden. Dazu sollte eine Beratung von einer qualifizierten Ernährungsfachkraft erfolgen und die Versorgung mit kritischen Nährstoffen regelmäßig ärztlich überprüft werden.«

Wer sorgerechtlich auf der sicheren Seite sein möchte, sollte diese Werte regelmäßig überprüfen lassen, um darauf verweisen zu können, dass man den DGE-Empfehlungen für vegane Kinderernährung folgt.

Adäquate Therapie
Eltern sind verpflichtet, den Kindern eine adäquate Therapie bei Gesundheitsgefährdungen und Mangelerscheinungen zur Verfügung zu stellen. Bei sämtlichen denkbaren Mangelerscheinungen kann durch vegane Medikamente und Supplemente Abhilfe geschaffen werden.

Kooperation mit dem Jugendamt
Die Eltern sollten im Vorfeld von Sorgerechtsentziehungsverfahren den Jugendämtern Kooperationsbereitschaft signalisieren und betonen, dass die Gesundheit des Kindes an oberster Stelle steht. Sie sollten ärztlichen Therapieempfehlungen folgen und vegane Alternativen anbieten. Keinesfalls ist zu empfehlen, an der herrschen Meinung vorbei zu behaupten, vegane Ernährung führe nicht zu Mangelerscheinungen und daher sei nichts weiter zu veranlassen. Bei derartigen Fällen ist mit einem Sorgerechtsentzug zu rechnen, da die Richter und Gutachter der herrschenden Meinung der Wissenschaft folgen werden.

Da ein Sorgerechtsentzug nur das letzte Mittel zur Beseitigung einer Kindeswohlgefährdung ist, werden sich bei Beachtung der vorbezeichneten Empfehlungen Sorgerechtsentzüge in der Regel vermeiden lassen.

Praxistipps

> Für vegane Ernährung aufgeschlossenen Kinderarzt konsultieren.

> In Absprache mit dem Kinderarzt alle denkbaren Mangelerscheinungen überprüfen und gegebenenfalls behandeln.

> Mit dem Jugendamt kooperieren.

> Dem Jugendamt die Empfehlungen der DGE für vegane Kinderernährung vorlegen; darstellen, dass man sie befolgt und dadurch belegen, dass das Kindeswohl nicht gefährdet ist.

> Gegebenenfalls beantragen, den Sorgerechtsentzug auf den Teilbereich der Gesundheitssorge zu beschränken.

Spätestens seit dem sogenannten Bergamo-Fall, bei dem eine vegane Mutter in Italien zur Fleischernährung ihres Kindes verurteilt wurde, wird darüber diskutiert, wie ein solcher Fall wohl in der Bundesrepublik Deutschland entschieden werden würde. Bei Ehen zwischen vegetarisch-vegan lebenden Menschen und omnivor lebenden Menschen ist es leider häufig anzutreffen, dass in allgemeinen Situationen des Streites oder der Trennung die vormals tolerierte Ernährungsethik der Veganer und Vegetarier plötzlich aggressiv-kritisch gesehen wird. Sollten Eltern diesen Konflikt nicht untereinander klären können, scheint dies eher ein Fall für Familientherapeuten als für die Gerichte zu sein. Alle Eltern sollten immer in erster Linie im Blick haben, in welch schreckliche Loyalitätskonflikte Kinder geraten und welche Last sie tragen, wenn die Eltern sich streiten.

Essensbestimmungsrecht

Es stellt sich für den Streitfall die Frage, wer bestimmen darf, was das Kind essen soll und ob ein Gericht bei Streitigkeiten angerufen werden kann. Zudem ist zu klären, nach welchen Grundsätzen die Familiengerichte entscheiden werden.

Die gesetzliche Regel bei verheirateten Eltern ist § 1627 BGB. Demnach haben Eltern das gemeinsame Sorgerecht in eigener Verantwortung und gegenseitigem Einvernehmen auszuüben. Bei Angelegenheiten von erheblicher Bedeutung haben die Elternteile, die das Sorgerecht haben, zumindest ein Vetorecht, wenn ihnen das Nahrungsbestimmungsverhalten des anderen Ehegatten missfällt und können ein Gericht anrufen, um im Streitfall eine Entscheidung zu treffen. Zum Sorgerecht gehört die Pflicht, die Gesundheit der Kinder zu schützen.

Die Familiengerichte überlassen das Nahrungsbestimmungsrecht bei getrennt lebenden Eltern mit gemeinsamem Sorgerecht in der Regel dem Elternteil, bei dem das Kind wohnt. (Wohl auch aus völlig zutreffenden pragmatischen Erwägungen, da es sich schlecht kontrollieren lässt, was den Kindern zu essen gegeben wird.)

Eine Ausnahme ist allerdings immer dann gegeben, wenn die Gesundheit und damit das Kindeswohl durch die Ernährung gefährdet sind. Hierfür ist jedoch erforderlich, dass tatsächlich Mangelerscheinungen mit der Ernährung verbunden sind, was konkret anhand von medizinischen Werten überprüft werden kann. Eine abstrakte Gefährdung, also die bloße Gefahr, dass Mangelerscheinungen auftreten könnten, sollte für eine Kindeswohlgefährdung nicht ausreichen, da ansonsten große Teile der auf Junk-Food-Ernährung setzenden Elternschaft um ihr Nahrungsbestimmungsrecht und auch Sorgerecht fürchten müsste. Der BGH definiert Gefährdung, wie bereits dargestellt, folgendermaßen: »Eine gegenwärtige in einem solchen Maße vorhandene Gefahr, dass bei der weiteren Entwicklung eine erhebliche Schädigung mit ziemlicher Sicherheit zu erwarten ist.«

Sofern die Kinder zur Sicherheit Nahrungssupplemente erhalten und regelmäßig die medizinischen Werte überprüft sowie nach den vorbezeichneten Empfehlungen erfolgreich therapiert werden, dürfte demnach eine Kindeswohlgefährdung in der Regel ausgeschlossen sein.

Sollten Eltern tatsächlich einen Prozess wegen des Nahrungsmittelbestimmungsrechtes führen, so würde ein Richter wohl spätestens ab dem 6. Lebensjahr auch das Kind anhören.

§ 159 Abs. II FamFG besagt: »Hat das Kind das 14. Lebensjahr noch nicht vollendet, ist es persönlich anzuhören, wenn die Neigungen, Bindungen, oder der Wille des Kindes für die Entscheidung von Bedeutung sind ...«)

Spätestens mit dem 14. Lebensjahr, dem Zeitpunkt, an dem nach RelKerzG die Religionsmündigkeit des Kindes eintritt, sind auch die ethischen Nahrungswünsche des Kindes mit in die Entscheidung einzubeziehen. Das Kind hat dann zumindest bei religionsbedingten Nahrungsvorstellungen ein eigenes Mitwirkungsrecht. Das heranwachsende Kind ist gemäß § 159 FamFG zwingend zu hören: »Das Gericht hat das Kind persönlich anzuhören, wenn es das 14. Lebensjahr vollendet hat.«

Eltern, die ihren Kindern ein derartiges Verfahren zumuten, sollte klar sein, dass der Loyalitätskonflikt der Kinder, die die Eltern durch den Prozess herbeiführen, schädlicher für die Gesundheit der Kinder sein kann als die jeweils angestrebte Ernährungsform. Es gibt sehr gute Unterstützungsangebote durch die Jugendämter und immer mehr qualifizierte Mediatoren, die man vor einer gerichtlichen Klärung in Anspruch nehmen sollte. Da das Jugendamt bei derartigen Fällen voraussichtlich ohnehin am Gerichtsverfahren beteiligt sein wird, ist es meistens besser für die betroffenen Eltern, wenn sie selber im Vorfeld die Hilfsangebote des Jugendamtes genutzt haben. Den damit verbundenen taktischen Vorteil sollte man nicht unterschätzen.

Praxistipp

> Bei Konfliktfällen rechtzeitig Rat und Hilfestellung vom Jugendamt einholen.

Essensbestimmungsrecht bei nichtehelichen Beziehungen

Wenn ein Elternteil kein Sorgerecht hat, so kann er auch nicht mitbestimmen, was das Kind essen soll. Für die betroffenen Eltern bietet sich deshalb an, die Übertragung des hälftigen Sorgerechts vor dem Familiengericht zu beantragen. Dieses wird von den Gerichten regelmäßig zugesprochen. Während der Verhandlung kann man dann auch die Essensproblematik erörtern.

Rechte von veganen Kindern gegenüber Eltern, die veganes Essen verbieten

Wie bereits dargestellt, gehört zum Sorgerecht der Eltern auch das Nahrungsbestimmungsrecht. Je älter ein Kind wird, desto mehr haben die Eltern auch die Neigungen und den Willen des Kindes mit zu berücksichtigen. Das Bundesverfassungsgericht sieht ein Grundrecht des Kindes auf Pflege und Erziehung durch seine Eltern, welches sich aus

Art. 6 Abs.II Satz 1 ergibt und die Kehrseite der elterlichen Erziehungspflicht darstellt (BverfG, FamRZ 2009, 1389 ff., Beuger a.a.O. S. 2).

Betroffene Jugendliche sollten daher zunächst Hilfe im Freundes-, Bekannten- und Verwandtenkreis einholen. Wenn dies nicht fruchtet, besteht auch die Möglichkeit, beim Jugendamt um Vermittlung zu bitten. Das Jugendamt kann in Fällen der Kindeswohlgefährdung in die elterliche Personensorge durch Gerichtsbeschluss eingreifen. In einem derartigen Verfahren hätte dann zumindest der Jugendliche ein eigenes Antragsrecht und ihm würde ein Verfahrensbeistand vom Gericht beigeordnet werden § 158 FamFG.

Bei einer einsichtsfähigen Familie sollte sich ein Kompromiss zwischen den Beteiligten finden lassen. In Fällen der Kindeswohlgefährdung ist jedoch eine richterliche Klärung zu erwarten. Kindeswohlgefährdungen können u. a. in folgenden Konstellationen gegeben sein:

> Das Kind wird gezwungen, Fleisch zu essen, insbesondere, wenn dies mit erniedrigenden oder gewalttätigen Mitteln erfolgt. (§ 1631 Abs II BGB regelt das Verbot von körperlichen Bestrafungen und seelischen Verletzungen, so Rechtsanwalt Michael Beuger in dem grundsätzlichen Gutachten vom 11.03.2013)
> Der Zwang zur omnivoren Ernährung kann nach Beuger auch dann eine Kindeswohlgefährdung darstellen, wenn das Ehr-und Selbstwertgefühl des Kindes dadurch geschädigt wird, dass die ethischen Überzeugungen zugunsten des Tierwohles übergangen werden. (Beuger; A.a.O. S. 3)
> Verwahrlosung des Kindes durch Mangelernährung, wenn Eltern sich weigern, ausgewogenes veganes oder vegetarisches Essen bereitzustellen und daher das Kind zu wenig isst.

Die häufig gestellte Frage, ob Kinder Eltern auf Bezahlung von vegetarischen oder veganen Lebensmitteln verklagen können, erscheint lebensfremd. Wenn ein Kind bei den Eltern wohnt, besteht ein solcher generell einklagbarer Anspruch nicht. In Ausnahmefällen wird nach

Beuger das Kind einen Anspruch auf Zahlung von Barunterhalt erhalten. Ob Jugendämter derartige Ansprüche unterstützen, bleibt abzuwarten.

Lebt das Kind nicht mehr bei seinen Eltern, etwa bei Inobhutnahme oder Sorgerechtsentzug auf Betreiben des Jugendamtes, kann das gewünschte Essen selbstverständlich aus dem von den Eltern geschuldeten Barunterhalt finanziert werden. Diese Fallkonstellation macht deutlich, wie wünschenswert eine einvernehmliche außergerichtliche Regelung für sämtliche Beteiligte sein dürfte. Wird der gerichtliche Weg wegen Kindeswohlgefährdung beschritten, kann ein Ergebnis der Verhandlung die einvernehmliche Einräumung eines Selbstversorgungsbudgets für das Kind sein.

Praxistipp

> Familienrechtliche Ernährungskonflikte, therapeutisch begleitet, außergerichtlich lösen.

Veganes Verbraucherrecht

»Nach einem guten Essen ist man bereit jedem zu verzeihen, selbst den eigenen Verwandten.« (Oscar Wilde)

Für Veganer und Vegetarier als Verbraucher stellen sich viele Rechtsfragen, die vor allem um die Problemfelder kreisen, wie man sicherstellen kann, sich wunschgemäß zu ernähren und was man unternehmen kann, wenn man nicht geliefert bekommt, was man möchte.

Für einen funktionierenden Verbraucherschutz ist es unerlässlich, dass vegane und vegetarische Produkte im Verkauf als solche deklariert sind und dass durch eine eindeutige, einheitliche Definition der Begriffe sichergestellt ist, was sich hinter der Deklaration verbirgt.

Für den Verbraucher ist es sehr wichtig zu wissen, ob in einem Produkt auch enthalten ist, was auf der Verpackung steht, insbesondere auch deshalb, weil sich hieran auch Rechtsfolgen wie Umtausch- bzw. Rückgaberechte, Minderungs- und auch gegebenenfalls Schadenersatzansprüche anknüpfen können. Die Gebote der Rechtssicherheit und Rechtsklarheit machen daher eine allgemeinverbindliche Definition und Deklaration der Begriffe »vegan« und »vegetarisch« dringend erforderlich. Vor diesem Hintergrund setzt sich der VEBU intensiv für eine EU-weit verbindliche Deklaration bzw. Definition der Begrifflichkeiten ein.

Die rechtlichen Rahmenbedingungen hierfür wurden von der EU bereits im Jahr 2011 geschaffen. In der EU-Verordnung Nummer 1169/2011 des europäischen Parlaments und des Rates vom 25. Oktober 2011 ist in Art. 3 unter allgemeine Ziele folgendes geregelt:

»... die Bereitstellung von Informationen über Lebensmittel dient einem umfassenden Schutz der Gesundheit und Interessen der Verbraucher, indem Endverbrauchern eine Grundlage für eine fundierte Wahl und sichere Verwendung von Lebensmitteln unter besonderer Berücksichtigung von gesundheitlichen, wirtschaftlichen, umweltbezogenen, sozialen und ethischen Gesichtspunkten geboten wird.«

Es ist hoch erfreulich und lobenswert, dass die EU die Notwendigkeit der Definition von ethischen Gesichtspunkten auf Nahrungsmitteln erkennt und fördert. Die vegane Ernährung fällt unter solche ethische Gesichtspunkte sofern sie ethisch und nicht gesundheitlich motiviert ist.

Das Land Niedersachsen fordert von der Europäischen Union eine verbindliche Definition von Lebensmitteln als vegan oder vegetarisch. Mittlerweile hat sich der federführende Ausschuss des Bundesrates für Fragen der EU dieser Initiative angeschlossen. Ziel der Initiative ist es, sicher zu stellen, dass Informationen über die Eignung eines Lebensmittels für Vegetarier und Veganer bereitgestellt werden. Auf den Missstand, dass aus ethischen, gesundheitlichen oder religiösen Gründen, vegetarisch oder vegan lebende Menschen noch keine Möglichkeit haben, den gewünschten Charakter des Lebensmittels unmittelbar zu erkennen, wurde hingewiesen. Der federführende Ausschuss des Bundesrates hat zudem eine Bitte an die Bundesregierung gerichtet, zu prüfen, ob bis zur Umsetzung einer europäischen Regelung eine nationale Regelung geschaffen werden kann. Die zu erwartende, zukünftige Deklaration der Nahrungsmittelprodukte wird die Verbraucherrechte von Veganern gerade im Hinblick auf Mängelgewährleistungsrechte, Schadenersatzansprüche und effektiven Zugang zur gewünschten Ernährung deutlich stärken.

Diese bedeutende Verbesserung ist vor allem dem Engagement des VEBU, von Foodwatch und Bündnis 90/Die Grünen zu verdanken.

Mittlerweile liegen ausgearbeitete Definitionen der Begriffe »vegetarisch« und »vegan« vor und die EU-Verwaltung ist gehalten, diese in die Praxis umzusetzen. In der EU-Verwaltung soll der Grundsatz »big things first« gelten, dies ist möglicherweise eine Erklärung dafür, warum die ausformulierten Definitionen noch immer nicht umgesetzt wurden. Es bleibt zu hoffen, dass die EU-Verwaltung dieses für Veganer und Vegetarier wichtige Definitionsgebot zeitnah umsetzt.

Die mit den Rechtsexperten des VEBU abgestimmten Definitionsvorschläge lauten wie folgt:

Definitionen vegan/vegetarisch

(1) Vegan sind Lebensmittel, die keine Erzeugnisse tierischen Ursprungs sind und bei denen auf allen Produktions- und Verarbeitungsstufen keine Zutaten (einschließlich Zusatzstoffe, Trägerstoffe, Aromen und Enzyme) oder Verarbeitungshilfsstoffe oder Nicht-Lebensmittelzusatzstoffe, die auf dieselbe Weise und zu demselben Zweck wie Verarbeitungshilfsstoffe verwendet werden, die tierischen Ursprungs sind, in verarbeiteter oder unverarbeiteter Form zugesetzt oder verwendet worden sind.

(2) Vegetarisch sind Lebensmittel, welche die Anforderungen des Absatzes 1 erfüllen, bei deren Produktion jedoch abweichend davon 1. Milch, 2. Kolostrum, 3. Farmgeflügeleier, 4. Bienenhonig, 5. Bienenwachs, 6. Propolis oder 7. Wollfett/Lanolin aus von lebenden Schafen gewonnener Wolle, oder deren Bestandteile oder daraus gewonnene Erzeugnisse zugesetzt oder verwendet worden sein können.

(3) Einer Auslobung als vegan oder vegetarisch stehen unbeabsichtigte Einträge von Erzeugnissen, die nicht den jeweiligen Anforderungen des Absatzes 1 oder 2 entsprechen, nicht entgegen, wenn und soweit diese auf allen Produktions-, Verarbeitungs- und Vertriebsstufen trotz geeigneter Vorkehrungen bei Einhaltung der guten Herstellungspraxis technisch unvermeidbar sind.

(4) Die Absätze 1 bis 3 gelten entsprechend, wenn für Lebensmittel Informationen verwendet werden, die aus Verbrauchersicht gleichbedeutend mit »vegan« oder »vegetarisch« sind.

Bei der Definition wurde ein Kompromiss zwischen Praktikabilität und höchst möglichem Standard angestrebt. Begrüßenswert ist, dass bei der veganen Definition Verarbeitungshilfsstoffe berücksichtigt wurden.

Wird die verbindliche Definition für Lebensmittel erst erreicht sein, ist beabsichtigt, im nächsten Schritt eine Ausdehnung auf Produkte außerhalb des Lebensmittelbereiches durchzusetzen.

Von der Europäischen Kommission wurde mittlerweile zugesichert, mit dem Umsetzungsprozess der Richtlinie im Jahr 2019 zu beginnen. Veganer dürfen daher, innerhalb der verwaltungsinternen Geschwindigkeit der europäischen Institutionen, mit einer Klärung rechnen.

Selbstauskunftsrecht des Verbrauchers gegenüber den Herstellern

Im Lebensmittelrecht ist noch unklar, welche Informationsansprüche Verbraucher gegenüber den Herstellern im Hinblick auf die Inhaltsstoffe haben. Sowohl das Lebensmittel- wie auch das Futtermittelgesetzbuch und das Verbraucherinformationsgesetz regeln lediglich Informationspflichten der Behörden und nicht der Unternehmen. Ein Auskunftsanspruch wird erst dann ernsthaft diskutiert, wenn durch das Produkt ein Schaden verursacht wurde. Der Gesetzgeber sollte hier zügig tätig werden, um diese Auskunftslücken zu schließen.

Unabhängig davon erteilen die Hersteller auf Nachfrage regelmäßig Auskunft und es gibt eine Fülle von Internetseiten, die einzelne Produkte im Hinblick auf die vegane Qualität genau unter die Lupe nehmen.

Daher müssen Verbraucher bis zur verbindlichen Regelung über die Gesetz- und Verordnungsgeber noch selber recherchieren. Da die gängigen Allergene aufgrund einer EU-Verordnung (Lebensmittel-Informationsverordnung (LMIV) (Verordnung (EU) Nr. 1169/201) deklariert werden müssen, können zumindest milch-, fisch-, weichtier- und eihaltige Produkte schon an der Verpackung erkannt werden.

Folgende Zutaten lösen 90 Prozent aller Lebensmittelunverträglichkeiten aus und sind deshalb kennzeichnungspflichtig:

- Glutenhaltiges Getreide
- Krebstiere
- Eier
- Fisch
- Erdnüsse
- Soja
- Milch und Milchprodukte (einschließlich Laktose)
- Schalenfrüchte
- Sellerie
- Senf
- Sesamsamen
- Schwefeldioxid und Sulfite in einer Konzentration von mehr als 10 mg/kg oder 10 mg/l
- Lupinen
- Weichtiere

Von der Deklaration der Allergenverordnung soll allerdings die Verwendung von tierischer Gelatine zur Filterzwecken ausgeschlossen sein. Wer daher sicher gehen möchte, sollte bis zur endgültigen Definition und Deklaration von veganen und vegetarischen Produkten auf die kommerziellen Labels zurückgreifen.

Praxistipps

- Politiker dazu drängen, die Deklarationspflicht für vegane und vegetarische Produkte einzuführen.
- Allergiehinweise auf den Verpackungen lesen.
- Auf zertifizierte Deklarationen, z. B. VEBU-Zertifikat, achten.

Aber welche Möglichkeiten hat man, wenn man nach dem Verlassen eines Geschäftes feststellt, dass man etwas anderes gekauft hat, als man wollte? Also etwa, wenn die Wurst, die man für vegan gehalten hat, Ei enthält? Hier ist zu unterscheiden, ob der Verkäufer falsch deklariert hat oder ob man als Kunde unaufmerksam war und die Produktbezeichnung nicht richtig gelesen hat. Die Mängelgewährleistungrechte sind im Bürgerlichen Gesetzbuch wie folgt geregelt: Rechte des Käufers bei Mängeln § 437 BGB

Ist die Sache mangelhaft, kann der Käufer, wenn die Voraussetzungen der folgenden Vorschriften vorliegen und soweit nicht ein anderes bestimmt ist,

> nach § 439 Nacherfüllung verlangen,
> nach den §§ 440,323 und 326 Abs. 5 von dem Vertrag zurücktreten oder nach § 441 den Kaufpreis mindern und
> nach den §§ 440,280,281,283 und 311a Schadensersatz oder nach § 284 Ersatz vergeblicher Aufwendungen verlangen.

Wandelung und Anspruch auf Erfüllung bei Fehldeklaration

Wenn etwas anderes geliefert wird, als man bestellt hat, sprechen die Juristen von einer Aliud-Lieferung. Hier kann man als Verbraucher vom Vertrag zurücktreten, die Ware zurückgeben und sein Geld zurückverlangen. Dies nennen Juristen Wandelung.

Der alternative Anspruch, weniger Geld für die Ware zu bezahlen (Minderung), dürfte nicht auf Interesse der Verbraucher stoßen, da sie in der Regel keine Verwendung für das nicht-vegane/nicht-vegetarische Produkt haben dürften. In besonderen Fällen ist denkbar, dass man aber ein Interesse an der Lieferung des bestellten Produktes hat, wenn man z. B. ein veganes Buffet für eine Party bestellt hat und stattdessen eine Fleischplatte erhält. In solchen Fällen kann man auf Erfüllung des Vertrages bestehen. Im »Partyfall« hat man bei fehlendem Austausch der Ware nicht die Zeit den Rechtsweg zu beschreiten, so dass im Nach hinein zu klären ist, inwieweit man den Preis mindern kann (z. B. wenn Teile des Buffets konsumiert wurden) und inwieweit man Kosten für Ersatzbestellungen als Schadenersatz geltend machen kann.

Geht der Fehlkauf auf einen Irrtum des Käufers zurück, so hat dieser in den allermeisten Fällen kein Umtauschrecht. Bei Telekommunikationsgeschäften (z. B. Onlinefehlbestellung) oder bei Haustürgeschäften hat man auch unabhängig von Irrtümern das 14-tägige Widerrufsrecht.

Wenn die Geschäfte kein generelles Umtauschrecht gewähren, hat der Kunde bei selbstverschuldeten Fehlkäufen kein Umtauschrecht.

Praxistipps

> Augen auf, Kauf ist Kauf.

> Als vegan oder vegetarisch deklarierte Ware kaufen.

> Bei Cateringverträgen ausdrücklich veganes Essen als wesentlichen Vertragsbestandteil bezeichnen und Fixcharakter der Bestellung mit Ablehnungsrecht bei verspäteter oder falscher Lieferung regeln.

Vegan im Restaurant

Als Veganer und Vegetarier macht man in Restaurants nicht ausschließlich gute Erfahrungen. Es gibt Fälle, in denen Wirte Huhn und Fisch für vegetarisch halten oder in denen Fleischbrühe als vegan serviert wird, weil keine Fleischstücke in der Suppe vorhanden sind. Dies geschieht teils aus Unwissenheit, zum Teil aber auch auf Grund von unangemessenem Geschäftssinn des Restaurantbetreibers. Vor diesem Hintergrund werden nachfolgend einige typische Fallgruppen erörtert.

Entgegen der Speisekarte gibt es kein vegetarisches oder veganes Gericht! In solchen Fällen kann man nicht auf Lieferung bestehen, da es sich bei Speisekarten um unverbindliche Angebote handelt.

Sie erhalten ein nicht veganes oder vegetarisches Gericht, obwohl Sie es bestellt haben! In einem derartigen Fall gelten die sogenannten Gewährleistungsrechte wie auch bei sonstigen Kaufangelegenheiten. Zunächst hat der Gast einen Anspruch auf Nachbesserung, so dass der Wirt nochmals Gelegenheit hat, seinen Fehler zu korrigieren. Bei erneuter oder erkennbar vorsätzlicher Fehlleistung besteht ein Rücktrittsrecht vom Vertrag, das heißt, man kann das mangelhafte Essen verweigern und ist nicht zur Zahlung verpflichtet. Dies gilt auch bei einem Teilverzehr der unerwünschten Nahrung, da es den Vegetariern und Veganern nicht zuzumuten ist, das aus ihrer Sicht unethische Essen weiter zu konsumieren. (Zur Unzumutbarkeit des Weiteressens bei Ekel siehe: Ekelerregende Schnecke im Salat entdeckt [Amtsgericht Burgwedel, Az.: 22 C 669/85]). Auch das Amtsgericht Rastatt, Az.: 9 Cs 205 Js 1187/04 ist der Auffassung, dass ein Kunde, der auf eine Kakerlake beißt, obwohl er eine Erdnuss erwartet, das Essen zurückgehen lassen kann und nur das bezahlen muss, was er konsumiert hat, in diesem Fall Getränke.

Praxistipp

> Beweise sichern, Zeugenadressen notieren und Vorfall protokollieren.

Für den Fall der vorsätzlichen Fehllieferung stellt sich die Frage, welche Rechte der betroffene Kunde dadurch hat, dass das nicht-vegane oder nicht-vegetarische Essen bei ihm Missempfinden auslöst. Interessanterweise fühlen sich nicht nur religiöse Vegetarier, sondern auch säkulare Veganer verunreinigt, wenn sie sich das aus ihrer Sicht unethische Essen einverleiben.

Es ist zwar nicht zu erwarten, dass ein Kunde, dem vorsätzlich nicht-veganes oder-vegetarisches Essen serviert wird, das Restaurant erneut aufsucht, gleichwohl sind auch Fälle denkbar, in denen der Kunde die Restaurantnutzung nicht vermeiden kann. In solchen Fällen besteht Wiederholungsgefahr und es ist zu erwägen, ob der Kunde nicht einen strafbewehrten Unterlassungsanspruch gegen den Wirt geltend machen kann.

Vegan auf Reisen

Verreisen stellt für Veganer und Vegetarier je nach Reiseziel häufig noch ein Abenteuer mit ungewissem Ausgang dar. Wer über einen Reiseveranstalter bucht, möchte den Urlaub einfach nur genießen. Für die Urlaubsqualität ist daher die selbstverständliche, unkommentierte und ausreichende Versorgung mit dem gewünschten Essen ausschlaggebend. Nachfolgend wird dargestellt, wie Betroffene sinnvoll planen und im Problemfall reagieren können.

Das Reiserecht ist im BGB besonders geregelt. Die wesentlichen Vorschriften lauten wie folgt:

§ 651a BGB Vertragstypische Pflichten beim Reisevertrag:
(1) Durch den Reisevertrag wird der Reiseveranstalter verpflichtet, dem Reisenden eine Gesamtheit von Reiseleistungen (Reise) zu erbringen. Der Reisende ist verpflichtet, dem Reiseveranstalter den vereinbarten Reisepreis zu zahlen.
(5) Der Reiseveranstalter hat eine Änderung des Reisepreises nach Absatz 4, eine zulässige Änderung einer wesentlichen Reiseleistung oder eine zulässige Absage der Reise dem Reisenden unverzüglich nach Kenntnis von dem Änderungs- oder Absagegrund zu erklären. Im Falle einer Erhöhung des Reisepreises um mehr als fünf vom Hundert oder einer erheblichen Änderung einer wesentlichen Reiseleistung, kann der Reisende vom Vertrag zurücktreten. Er kann stattdessen, ebenso wie bei einer Absage der Reise durch den Reiseveranstalter, die Teilnahme an einer mindestens gleichwertigen anderen Reise verlangen, wenn der Reiseveranstalter in der Lage ist, eine solche Reise ohne Mehrpreis für den Reisenden aus seinem Angebot anzubieten. Der Reisende hat diese Rechte unverzüglich nach der Erklärung durch den Reiseveranstalter diesem gegenüber geltend zu machen.

§ 651c Abhilfe
(1) Der Reiseveranstalter ist verpflichtet, die Reise so zu erbringen, dass sie die zugesicherten Eigenschaften hat und nicht mit Fehlern behaftet ist, die den Wert oder die Tauglichkeit zu dem gewöhnlichen oder nach dem Vertrag vorausgesetzten Nutzen aufheben oder mindern.
(2) Ist die Reise nicht von dieser Beschaffenheit, so kann der Reisende Abhilfe verlangen. Der Reiseveranstalter kann die Abhilfe ver-

weigern, wenn sie einen unverhältnismäßigen Aufwand erfordert.
(3) Leistet der Reiseveranstalter nicht innerhalb einer vom Reisenden bestimmten angemessenen Frist Abhilfe, so kann der Reisende selbst Abhilfe schaffen und Ersatz der erforderlichen Aufwendungen verlangen. Der Bestimmung einer Frist bedarf es nicht, wenn die Abhilfe von dem Reiseveranstalter verweigert wird oder wenn die sofortige Abhilfe durch ein besonderes Interesse des Reisenden geboten wird.

§ 651d Minderung
(1) Ist die Reise im Sinne des § 651c Abs. 1 mangelhaft, so mindert sich für die Dauer des Mangels der Reisepreis nach Maßgabe des § 638 Abs. 3. § 638 Abs. 4 findet entsprechende Anwendung.
(2) Die Minderung tritt nicht ein, soweit es der Reisende schuldhaft unterlässt, den Mangel anzuzeigen.

§ 651e Kündigung wegen Mangels
(1) Wird die Reise infolge eines Mangels der in § 651c bezeichneten Art erheblich beeinträchtigt, so kann der Reisende den Vertrag kündigen. Dasselbe gilt, wenn ihm die Reise infolge eines solchen Mangels aus wichtigem, dem Reiseveranstalter erkennbaren Grund nicht zuzumuten ist.
(2) Die Kündigung ist erst zulässig, wenn der Reiseveranstalter eine ihm vom Reisenden bestimmte angemessene Frist hat verstreichen lassen, ohne Abhilfe zu leisten. Der Bestimmung einer Frist bedarf es nicht, wenn die Abhilfe unmöglich ist oder vom Reiseveranstalter verweigert wird oder wenn die sofortige Kündigung des Vertrags durch ein besonderes Interesse des Reisenden gerechtfertigt wird.
(3) Wird der Vertrag gekündigt, so verliert der Reiseveranstalter den Anspruch auf den vereinbarten Reisepreis. Er kann jedoch für die bereits erbrachten oder zur Beendigung der Reise noch zu erbringenden Reiseleistungen eine nach § 638 Abs. 3 zu bemessende Entschädigung verlangen. Dies gilt nicht, soweit diese Leistungen

infolge der Aufhebung des Vertrags für den Reisenden kein Interesse haben.
(4) Der Reiseveranstalter ist verpflichtet, die infolge der Aufhebung des Vertrags notwendigen Maßnahmen zu treffen, insbesondere, falls der Vertrag die Rückbeförderung umfasste, den Reisenden zurückzubefördern. Die Mehrkosten fallen dem Reiseveranstalter zur Last.

§ 651f Schadensersatz
(1) Der Reisende kann unbeschadet der Minderung oder der Kündigung Schadensersatz wegen Nichterfüllung verlangen, es sei denn, der Mangel der Reise beruht auf einem Umstand, den der Reiseveranstalter nicht zu vertreten hat.
(2) Wird die Reise vereitelt oder erheblich beeinträchtigt, so kann der Reisende auch wegen nutzlos aufgewendeter Urlaubszeit eine angemessene Entschädigung in Geld verlangen.

§ 651g Ausschlussfrist, Verjährung.
(1) Ansprüche nach den §§ 651c bis 651f hat der Reisende innerhalb eines Monats nach der vertraglich vorgesehenen Beendigung der Reise gegenüber dem Reiseveranstalter geltend zu machen. § 174 ist nicht anzuwenden. Nach Ablauf der Frist kann der Reisende Ansprüche nur geltend machen, wenn er ohne Verschulden an der Einhaltung der Frist verhindert worden ist.
(2) Ansprüche des Reisenden nach den §§ 651c bis 651f verjähren in zwei Jahren. Die Verjährung beginnt mit dem Tage, an dem die Reise dem Vertrag nach enden sollte.

Ein Reisemangel liegt nach diesen Vorschriften dann vor, wenn die vom Reiseveranstalter versprochenen Leistungen nicht geboten werden oder die Reise mit Fehlern behaftet ist, die den Wert oder die Tauglichkeit zu dem gewöhnlichen oder nach dem Vertrag vorausgesetzten Nutzen deutlich mindern. Ein Reisemangel ist daher immer dann gegeben, wenn man eine vegetarische oder vegane Reise ausdrücklich gebucht hat, die versprochene Leistung aber nicht erhält. Hierbei ist Folgendes zu beachten: Mangelhaftungsansprüche ergeben sich nur gegenüber sogenannten Reiseveranstaltern. Reiseveranstalter ist man erst, wenn man mehrere reisetypische Angebote gebündelt zur Verfügung stellt. Ein Restaurantbesitzer ist demnach noch kein Reiseveranstalter. Ein Reisevertrag liegt dann vor, wenn der Veranstalter sich verpflichtet, zumindest zwei Reiseleistungen zu erbringen, wie z. B. Flug und Unterkunft.

Zudem muss der Reisende den Mangel beim Reiseveranstalter anzeigen und um Abhilfe gebeten haben. Dies muss zunächst am Urlaubsort erfolgen. Lässt sich dort das Problem nicht beheben oder ist die Reiseleitung nicht erreichbar, muss spätestens einen Monat nach Urlaubsende eine schriftliche Beschwerde beim Reiseveranstalter eingehen. Die Beschwerde sollte den Reisemangel konkret beschreiben und die geltend gemachten Minderungs- bzw. Schadensersatzansprüche enthalten. Um den fristgerechten Zugang des Schreibens beweisen zu können, empfiehlt es sich, das Schreiben per Einschreiben mit Rückschein, Boten oder per Gerichtsvollzieher zustellen zu lassen. Der Anspruch verjährt innerhalb von zwei Jahren.

Sollte der Reisende entgegen der Ankündigung des Reiseveranstalters kein veganes oder vegetarisches Essen erhalten, steht ihm ein Reisepreisminderungsrecht zu. Zudem kann er etwaige Zusatzversorgungskosten in angemessener Höhe als Schadensersatz geltend machen. Die Höhe des Minderungsanspruches wird vom jeweiligen Richter anhand des Einzelfalles ermittelt. Hier spielt für die Höhe der Minderung auch die Kategorie des Hotels eine große Rolle. Je höher die Hotelkategorie, desto höher dürfte der prozentuale Minderungsanspruch ausfallen. Vergleichsfälle in den einschlägigen Minderungstabellen (Frankfurter und Kemptener Tabelle) gibt es noch nicht. Die Betroffenen sollten sich jedoch, zumindest wenn sie rechtschutzversichert sind, an der 25-prozentigen Minderung orientieren, die das Landgericht Frankfurt unter dem Aktenzeichen 24S96/07 für den Fall zugesprochen hat, dass bei einem Buffet eines 5-Globen-Hotels nur zwei Hauptspeisen angeboten wurden (NJW-RR2008, 1590).

Bei nicht ausdrücklich vegan/vegetarisch bestellten Reisen stellt sich die Frage, ob das Angebot von zumindest einer vegetarischen Speise ab einer gewissen Hotelkategorie erwartet werden kann. Dies insbesondere da mittlerweile allgemein bekannt ist, dass zehn Prozent der deutschen Bevölkerung Vegetarier sind. Zumindest bei Buffetversprechen und ab vier Sternen bestehen meines Erachtens Minderungsmöglichkeiten. Bei veganem Essen kann aufgrund des geringeren Bevölkerungsanteils von Veganern noch nicht generell von einem Minderungsrecht ab einer hochpreisigen Hotelkategorie ausgegangen werden. Es wird jedoch mit Interesse erwartet, wie Gerichte zukünftig Buffetleistungen im Hinblick auf vegane Ernährung beurteilen. Hierbei werden landestypische Nahrungsmittelangebote und die zunehmende Verbreitung des veganen Lebensstils eine Rolle spielen.

In den Fällen, in denen Reiseveranstalter besonders mit veganen Reisen werben, kann auch ein Anspruch auf Ersatz der entgangenen Urlaubsfreude in Betracht kommen. Dies wird zumindest dann anzunehmen sein, wenn der Reiseveranstalter einen Schwerpunkt auf das vegane Angebot legt und dadurch der Reisevertrag besonders prägt, da dann auch gemäß § 651e, Absatz 1, BGB, gekündigt werden könnte. Die Höhe des Schadensersatzes für den vertanen Urlaub wird vom Richter einzelfallbezogen festgelegt. Mittlerweile gehen die Gerichte von Pauschalbeträgen zwischen 25 und 75 Euro pro Urlaubstag aus. Auch bei entgangener Urlaubsfreude muss der Mangel vor Ort gemeldet und innerhalb der Monatsfrist beim Reiseveranstalter geltend gemacht werden.

Stellt ein Zuschlag für veganes/vegetarisches Essen einen Diskriminierungstatbestand dar? Angenommen, Sie müssen einen Aufpreis für die Bereitstellung von veganem oder vegetarischem Essen bezahlen, während andere Sondernahrungswünsche wie koscher oder halal nicht mit einem Zuschlag versehen sind. Dies ist nicht nur befremdlich, da die entsprechenden Gerichte leicht und kostengünstig bereitgestellt werden können, sondern wirft auch die Frage auf, ob die Sonderbehandlung der Betroffenen eine rechtswidrige Diskriminierung darstellt.

Geregelt ist ein Diskriminierungsverbot für Benachteiligungen im zivilrechtlichen Massenverkehr in § 19 AGG:

> 1) Eine Benachteiligung aus Gründen der Rasse oder wegen der ethnischen Herkunft, wegen des Geschlechts, der Religion, einer Behinderung, des Alters oder der sexuellen Identität bei der Begründung, Durchführung und Beendigung zivilrechtlicher Schuldverhältnisse, die
> 1. typischerweise ohne Ansehen der Person zu vergleichbaren Bedingungen in einer Vielzahl von Fällen zustande kommen (Massengeschäfte) oder bei denen das Ansehen der Person nach der Art des Schuldverhältnisses eine nachrangige Bedeutung hat und die zu vergleichbaren Bedingungen in einer Vielzahl von Fällen zustande kommen oder
> 2. eine privatrechtliche Versicherung zum Gegenstand haben,
> ist unzulässig.
> (2) Eine Benachteiligung aus Gründen der Rasse oder wegen der ethnischen Herkunft ist darüber hinaus auch bei der Begründung, Durchführung und Beendigung sonstiger zivilrechtlicher Schuldverhältnisse im Sinne des § 2 Abs. 1 Nr. 5 bis 8 unzulässig.
> (3) Bei der Vermietung von Wohnraum ist eine unterschiedliche Behandlung im Hinblick auf die Schaffung und Erhaltung sozial stabiler Bewohnerstrukturen und ausgewogener Siedlungsstrukturen sowie ausgeglichener wirtschaftlicher, sozialer und kultureller Verhältnisse zulässig.
> (4) Die Vorschriften dieses Abschnitts finden keine Anwendung auf familien- und erbrechtliche Schuldverhältnisse.
> (5) Die Vorschriften dieses Abschnitts finden keine Anwendung auf zivilrechtliche Schuldverhältnisse, bei denen ein besonderes Nähe- oder Vertrauensverhältnis der Parteien oder ihrer Angehörigen begründet wird. Bei Mietverhältnissen kann dies insbesondere

der Fall sein, wenn die Parteien oder ihre Angehörigen Wohnraum auf demselben Grundstück nutzen. Die Vermietung von Wohnraum zum nicht nur vorübergehenden Gebrauch ist in der Regel kein Geschäft im Sinne des Absatzes 1 Nr. 1, wenn der Vermieter insgesamt nicht mehr als 50 Wohnungen vermietet.

Praxistipps

> Bei Reiseverträgen ausdrücklich veganes/vegetarisches Essen und vegane Zimmerausstattung als Reiseleistung vereinbaren.

> Bei langen Flugreisen mit dem Reisebüro klären, ob veganes/vegetarisches Essen bei der Fluggesellschaft geordert wurde.

> Mängel vor Ort bei der Reiseleitung melden, Zeugen hinzuziehen, Mängelprotokoll von der Reiseleitung unterzeichnen lassen.

> Ansprüche innerhalb der gesetzlichen Fristen geltend machen und einklagen.

Hier fällt unmittelbar auf, dass es keinen Diskriminierungsschutz für säkulare Veganer gibt, während religiöse Veganer und Vegetarier vor Benachteiligungen aufgrund Ihrer Religion geschützt sind. Dies ist ein unerträglicher Zustand, der durch den Verordnungs- und Gesetzgeber dringend geändert werden muss, um einen gleichberechtigten Diskriminierungsschutz der nicht religiösen Ernährungsethik zu gewährleisten.

Schadensersatz und Schmerzensgeld

Auf den ersten Blick erscheint das Thema der zwangsweisen Verabreichung von Fleisch abwegig. Die nationalen und internationalen Gerichte waren gleichwohl mit derartigen Fällen beschäftigt. So wurde einer Vegetarierin von ihrem Hautarzt gegen ihren Willen Fleischbrühe als Trägersubstanz für einen Allergietest injiziert. In Zeiten zunehmender Überalterung und Demenzversorgung in Altenheimen möchten Veganer auch sichergestellt wissen, dass ihr Selbstbestimmungsrecht auf ethisches Essen und Leben respektiert wird. Vor diesem Hintergrund bedarf die vorbezeichnete Rechtsfrage einer intensiven, bislang nicht ausreichend vorgenommenen Untersuchung.

Eine weitere Frage ist, ob dem vorsätzlich geprellten Kunden wegen des dargestellten Missempfindens, Schadensersatz- und Schmerzensgeldansprüche zustehen. Als Schäden kommen sowohl materielle Schäden, wie etwaige ärztliche Behandlungskosten, wie auch immaterielle Schäden, also Schmerzensgeld, je nach Schutzwürdigkeit und Krankheitswert des Missempfindens in Betracht. Im Einzelnen sind folgende Fallgruppen zu unterscheiden:

Der Veganer ist allergisch gegen das Produkt (z. B. Ei). Wenn er dies dem Wirt vermittelt hat und dennoch wider besseren Wissens das allergenbelastete Essen erhält, schuldet der Wirt dann Schadensersatz und Schmerzensgeld, wenn der Kunde eine allergische Reaktion hat. Dies liegt darin begründet, dass der Wirt zumindest billigend in Kauf nimmt, dass sein Kunde eine allergische Reaktion entwickelt. Damit ist auch der Straftatbestand der Beibringung gesundheitsschädlicher Substanzen und damit einer schweren Körperverletzung erfüllt.

Dies ist in § 224 Abs. 1 Nr. 1 StGB geregelt, der wie folgt lautet: Wer die Körperverletzung durch Beibringung von Gift oder anderen gesundheitsschädlichen Stoffen begeht, wird mit Freiheitsstrafe von sechs Monaten bis zu zehn Jahren, in minder schweren Fällen mit Freiheitsstrafe von drei Monaten bis zu fünf Jahren bestraft. Je nach Schwere der Schädigung kann ein Strafgericht ggfs. auch ein Berufsverbot für den Wirt verhängen.

Der Kunde kann den Wirt anzeigen und sollte, wenn er dies möchte, in diesem Fall auch Strafantrag stellen. Daran schließen sich die zivilrechtlichen Haftungsfolgen an, gemäß § 823 ff BGB die sogenannte deliktische Haftung. Der Wirt müsste sodann nach zivilrechtlichem Schadensersatzrecht die Behandlungskosten, auch die der Krankenkasse, zahlen (der Schadensersatzanspruch des Kunden geht auf die Krankenkasse per Gesetz über), wie auch etwaige, notwendige Zuzahlungen des Kunden, die von der Krankenkasse nicht gedeckt sind. Sollte der Kunde länger erkranken und auf der Arbeit ausfallen, hätte auch der Arbeitgeber des Kunden einen Ersatzanspruch gegen den Wirt aufgrund der Entgeltfortzahlung, die er in den ersten sechs Wochen leisten muss. Der Kunde hat außerdem einen Schmerzensgeldanspruch gegen den Wirt, der sich nach der Dauer und Schwere der Krankheit berechnet und vom jeweils zuständigen Richter im Einzelfall festgelegt wird. Hierbei dürfte sich der Umstand schmerzensgelderhöhend auswirken, dass der Wirt den ausdrücklichen Wunsch des Kunden missachtet hat (sogenannte Genugtuungsfunktionen des Schmerzensgeldanspruches).

Bei einfach verlaufenden allergischen Reaktionen und Schocks ist zurzeit (Stand 2016) ein Schmerzensgeld in der Höhe von 1.000 bis 3.000 Euro nicht unüblich.

Das Landgericht Frankfurt hielt 2.000 Euro Schmerzensgeld in einem Fall für angemessen, bei dem trotz Allergiehinweis des Fluggastes vom Flugbegleiter allergenbelastete Saunatücher ausgeteilt wurden und dadurch ein Allergieschock bei dem Gast ausgelöst wurde (Urteil vom 16.04.2014, Az. 16 U 170/13).

Das Einverleiben von als ethisch unrein empfundener Nahrung kann bei den Betroffenen unterschiedliche Reaktionen auslösen. Ein vegetarischer Hindu glaubt z. B., durch Fleischkonsum negatives Karma auf sich zu nehmen. Negative Jenseitserwartungen, die durch Verstoß gegen religiöse Nahrungsmittelvorschriften entstehen, sind bereits mehrfach im Ausland mit Kompensationszahlungen geschützt worden. So erklärten sich die Fastfood-Ketten McDonalds und Finleys bereit, für die Ausgabe von Fleisch, das fälschlicherweise als Halal bezeichnet wurde, eine Vergleichssumme an muslimische Einrichtungen von umgerechnet ca. 525.000 Euro zu zahlen (700000 US Dollar so *www.deutsch-tuerkische-nachrichten.de/.../700-000-us-dollar-strafe-mcdonalds-kapit*). Im Jahr 2002 einigte sich McDonalds mit Vegetariern hinduistischer und anderer Abstammung darauf, zehn Millionen Dollar zu spenden, da Pommes Frites als vegetarisch deklariert waren, obwohl sie zu Aromazwecken mit Spuren von Rindfleisch versehen waren. Hier handelt es sich um Sonderfälle im Rechtsraum der USA, die von der Entschädigungshöhe nicht auf bundesdeutsches Recht übertragbar sind.

Zu klären ist aber, ob die bewusste Täuschung eines Kunden, die dazu führt, dass er sein Selbstbestimmungsrecht im Hinblick auf glaubenskonforme Ernährung einbüßt und sich Nahrung einverleibt, die zu Unwohlsein bis hin zu psychischen Erkrankungen führen können, nicht auch in unserem Rechtskreis Entschädigungen und Schmerzensgeldzahlungen nach sich ziehen können.

Schadensersatz und Schmerzensgeld bei Verletzung eines Schutzgesetzes kommt gemäß § 823 II BGB in Betracht. Voraussetzungen für die Anwendbarkeit des § 823 II BGB ist die Verletzung eines Schutzgesetzes. Schutzgesetz i.S.v. § 823 II BGB ist jede Rechtsnorm, die zumindest auch dazu dienen soll, den Einzelnen gegen die Verletzung eines Rechtsguts zu schützen. In den hier relevanten Fällen kommen diesbezüglich der Tatbestand der Körperverletzung § 223 StGB und die noch zu schaffenden Deklarationsnormen für vegetarische und vegane Produkte in Betracht.

Je nach Glaubensintensität und psychischer Belastbarkeit, kann Fehlnahrung im Einzelfall zu starken Folgeerscheinungen bei den Betroffenen wie Schocks, Traumatisierung und nach Aussagen von erfahrenen Psychiatern im extremen Einzelfall sogar zu Psychosen führen. Die Rechtsprechung hat daher die anspruchsvolle Aufgabe, zu beurteilen, wann ein Verhalten, bei dem der Körper nicht in seiner Substanz verletzt wird, sondern lediglich auf die Psyche einwirkt, als Körperverletzung anzusehen ist. Karsten Gaede und Christoph Henkel haben, ausgehend von dem Beschluss des BGH vom 18.07.2013 AZ BGH 4 StR 168/13, folgende Leitsätze zum Thema psychische Körperverletzung zusammengefasst:

1. Als Gesundheitsbeschädigung im Sinne des § 223 Abs. 1 StGB ist jedes Hervorrufen oder Steigern eines vom Normalzustand der körperlichen Funktionen des Opfers nachteilig abweichenden Zustandes anzusehen. Dabei kommt es nicht darauf an, auf welche Art und Weise die Beeinträchtigung erfolgt ist (vgl. BGHSt, 36,1,6).
2. Rein psychische Empfindungen genügen bei keiner Handlungs-

alternative, um einen Körperverletzungserfolg gemäß § 223 Abs. 1 StGB zu begründen (vgl. BGHSt 48, 34, 36).

3. Wirkt der Täter auf sein Opfer lediglich psychisch ein, liegt eine Körperverletzung daher erst dann vor, wenn ein pathologischer, somatisch-objektivierbarer Zustand hervorgerufen worden ist, der vom Normalzustand nachteilig abweicht (vgl. BGH a.a.O. S. 36 f.). Bloß emotionale Reaktionen auf Aufregungen, wie etwa starke Gemütsbewegungen oder andere Erregungszustände, aber auch latente Angstzustände, stellen keinen pathologischen Zustand und damit keine Gesundheitsbeschädigung im Sinne des § 223 Abs. 1 StGB dar (vgl. BGH NStZ 1997,123).

Das reine Missempfinden wegen des unfreiwilligen Konsums nicht-veganen oder nicht-vegetarischen Essens, das fast alle Vegetarier und Veganer kennen, ist demnach in den allermeisten Fällen gemäß der Rechtsprechung keine psychische Körperverletzung.

Sollte allerdings mit dem Empfinden der Verunreinigung ein hoher persönlichkeitsbildender Faktor des Betroffenen beeinträchtigt sein, können, wie gesagt, auch starke pathologische Beeinträchtigungen bis hin zur Psychose auftreten. Hier kommt in seltenen Einzelfällen zumindest theoretisch eine psychische Körperverletzung in Betracht. Es ist allerdings zu erwarten, dass den Betroffenen nicht gelingen wird, den notwendigen Beweis für die Kausalität der Erkrankung durch die Fehlverabreichung zu führen.

Wenn ausnahmsweise eine Körperverletzung vorliegt, dann hat der Täter selbstverständlich Schmerzensgeld und Schadensersatz zu zahlen und auch für die seelischen Folgeschäden aufzukommen. Selbst wenn die psychische Anfälligkeit des Betroffenen auf einer »neurotischen Fehlverarbeitung« beruht, sind auch dessen psychosomatische Beschwerden dem Täter zuzurechnen. (So ADAC Schmerzensgeldtabelle, Bonn 2009, 27. Auflage, Seite 11 und BGH-Urteil vom 30.04.1996 VI ZR 55/95)

Immer wenn Schutzgesetze als Schutzzweck die Interessen der Zielgruppe betreffen, kommt eine Schadensersatz begründende Rechtsverletzung in Betracht (§ 823 II BGB). Zurzeit gibt es noch keine expliziten Schutzgesetze für Vegetarier und Veganer. In Zukunft wird dies jedoch voraussichtlich anders zu beurteilen sein, insbesondere dann, wenn etwa ein Wirt gegen die noch zu schaffenden Nahrungsmitteldeklarationsvorschriften verstößt. (Dies macht deutlich, warum die geforderte EU-weite Deklaration und Definition von veganen und vegetarischen Produkten die Verbraucherrechte stärkt.) Im Falle eines Rechtsstreits wird man thematisieren können, ob die Allergenschutzverordnung nicht ein Schutzgesetz für Veganer im Sinne des § 823 II BGB darstellt. Dafür spricht, dass die Gesetze, die die Allergenschutzverordnung umgesetzt haben auch Ordnungswidrigkeitstatbestände enthalten. Zudem lässt sich nach meinem Ermessen der Schutzcharakter der Allergenschutzverordnung auch damit begründen, dass die EU-Verordnung Nummer 1169/2011, die auch die Verbraucherinformation aus ethischen Gesichtspunkten beabsichtigt, noch nicht umgesetzt wurde und bis dahin eine verordnungskonforme Auslegung bestehenden Rechts erfolgen sollte. Zudem kann die Verletzung eines Schutzgesetzes über die Allergenverordnung auch damit begründet werden, dass das Umsetzungsgesetz Ordnungswidrigkeitstatbestände enthält, die generell die Bevölkerung schützen sollen.

Das Selbstbestimmungsrecht

Was aber, wenn ein Mediziner mit Tierprodukten behandelt? Ein Arzt, der gegen den ausdrücklichen Willen seiner vegetarischen Patientin anlässlich eines Allergietests Fleischbrühe injizierte, wurde wegen Körper- und Persönlichkeitsrechtsverletzung vom AG Düren zu einer Zahlung von Schmerzensgeld verurteilt (AG Düren 13.10.99 AZ 47 C 301/98). Es stellt sich die Frage, ob sich aus diesem Urteil Rückschlüsse für andere Fälle des ungewollten Verabreichens nicht-veganer und nicht-vegetarischer Produkte ergeben.

Für die meisten Betroffenen, die gegen ihren Willen aus ihrer Sicht unethisches Essen serviert bekommen, besteht das besonders Verwerfliche im Verhalten des Verursachers darin, dass er sich über den freien Willen des Veganers oder Vegetariers hinwegsetzt. Es stellt sich daher die Frage, ob es ein Selbstbestimmungsrecht im Hinblick auf ethisches Essen gibt und ob zudem dieses Recht als sonstiges Recht unter den sogenannten deliktischen Rechtsschutz von § 823 I BGB fällt. Gerade wenn keine Körperverletzung gegeben sein sollte und der Wirt nicht gegen Deklarationsvorschriften verstoßen hat, ist es für den deliktischen Schutz von Veganern und Vegetariern unerlässlich, dass ihr Essensselbstbestimmungsrecht als schützenswertes Rechtsgut anerkannt wird.

Bezüglich des Rechts auf selbstbestimmte ethische Essenswahl existiert eine gesetzliche Schutzregelung nicht explizit. Es stellt sich daher die Frage, ob diese Regelungslücke geschlossen werden kann. Unter der Rubrik »Sonstiges Recht« im Sinne der geschützten Rechtsgüter hat die Rechtsprechung eine Kategorie geschaffen und allmählich erweitert, in die neue oder noch nicht hinreichend erkannte Rechtsgüter eingeordnet werden können. Es ist das allgemeine Persönlichkeitsrecht. Es handelt sich hierbei um ein 1957 vom Bundesgerichtshof entwickeltes, absolutes und umfassendes Recht auf Achtung und Entfaltung der Persönlichkeit, welches auf Art. 2 Abs. 1 und Art. 1 Abs. 1 GG basiert.

1973 hat auch das Bundesverfassungsgericht den Begriff des allgemeinen Persönlichkeitsrechts in seinem Lebach-Urteil aufgegriffen und durch drei schützenswerte Sphären (»Drei-Sphären-Theorie«) ausgebaut. Nach der »Drei-Sphären-Theorie« sind folgende Bereiche geeignet, unter den Schutz des allgemeinen Persönlichkeitsrechts zu fallen:

> Individualsphäre: Hier wird unter anderem der Schutz des Selbstbestimmungsrechts genannt. Die schützenswerte Individualsphäre betrifft z. B. auch das Recht über seine persönlichen Daten selber zu verfügen.

> Privatsphäre: Hierbei geht es häufig um medienrechtliche Fälle.
> Intimsphäre: Hier wird unter anderem die innere Gedanken- und Gefühlswelt geschützt.

Bei Fällen der Verabreichung ethisch oder religiös nicht gewünschter Nahrung sind die Sphären des Selbstbestimmungsrechtes und die Privatsphäre der inneren Gedanken und Gefühlswelt erheblich beeinträchtigt. Gerade die religiöse Gefühlswelt Gläubiger bedarf hier wegen des zu vermutenden hohen Unwohlseins in Verbindung mit negativen Jenseitserwartungen eines besonderen Schutzes. Stellen wir uns Fälle der Zwangsernährung von Häftlingen oder der Noternährung von Sterbenden mit Nahrungssonden vor, können wir weiter noch viel gravierendere Fallgruppen als den bloßen Restaurantbesuch mit falschem Essen erahnen. Welcher Veganer oder Vegetarier möchte nicht sicherstellen, dass im Demenzfall sein Wunsch auf ethisches Essen respektiert wird? Es handelt sich hier um den Kernbereich der inneren Gedanken und Gefühlswelt der Betroffenen. Ein hinreichender Schutz über den Gesetzgeber fehlt bislang. Diese Regelungslücke zum Schutz des selbstbestimmten ethischen Essens sollte daher unbedingt über die Rechtsprechung geschlossen werden.

Meines Erachtens ist deshalb das Selbstbestimmungsrecht auf ethisches und religiös/ethisches Essen und Leben als besondere Ausprägung des allgemeinen Persönlichkeitsrechts Rechtsgut im Sinne des § 823 I BGB. Für den Veganismus ergibt sich dies zudem auch aus dem Weltanschauungsbegriff des Art. 9 EMRK, der nationalen Gesetzesrang hat.

In den Restaurantfällen liegt daher meines Erachtens durch die vorsätzliche Fehldeklaration eine Verletzung der vertraglichen Nebenpflichten (PVV) des Wirtes vor. Zudem hat er das allgemeine Persönlichkeitsrecht seines Kunden in der Ausprägung der neu zu schaffenden Fallgruppe des Selbstbestimmungsrechtes auf religiöses und ethisches Essen verletzt. Er schuldet danach seinem Kunden Ersatz für materielle Folgeschäden (z. B. wenn der Kunde sich übergeben muss die Reinigungskosten für die Kleidung). In besonders extremen Fällen sollte auch gerichtlich über den immateriellen Schadenersatz befunden werden.

Der Ersatzanspruch leitet sich hierbei ausnahmsweise direkt aus der Verfassung ab, obwohl sich aus dem Grundgesetz im Verhältnis von Bürgern untereinander generell keine Ansprüche ableiten lassen. Die Höhe des Ersatzanspruches wird vom Richter festgelegt. Hierbei sollte der besondere Umstand, dass der Kunde nicht nur in seiner Selbstbestimmung verletzt wurde, sondern darüber hinaus auch getäuscht wurde, im Rahmen der Genugtuungsfunktion des immateriellen Schadenersatzrechts schadenserhöhend berücksichtigt werden.

Praxistipps

> Vertrauenswürdige Vertragspartner, z. B. Altenheime, aussuchen.

> Nicht jedes Missempfinden gerichtlich verfolgen lassen.

> Bei Erkrankungen rechtzeitig Ärzte aufsuchen und Diagnosen bestätigen lassen.

Es bleibt abzuwarten, wie sich die diesbezügliche Rechtsprechung entwickelt. Allerdings ist bei derartigen Fällen nicht mit der Zahlung von hohen Schmerzensgeldern zu rechnen.

Vegan im Berufsleben

In der Praxis haben sich Problemfälle ergeben, die eine juristische Beschäftigung mit Fragestellungen erfordern, ob man am Arbeitsplatz Werbung für die vegane Lebensweise machen darf und ob der Arbeitgeber dies durch sein Weisungsrecht untersagen darf und bei Verstoß gegen die Weisung gegebenenfalls abmahnen oder gar kündigen darf.

Außerhalb des Arbeitsplatzes darf jeder Arbeitnehmer mit legalen Mitteln für die vegane Lebensweise einstehen. Das Weisungsrecht des Arbeitgebers spielt hier keine Rolle.

Auch am Arbeitsplatz darf man in Pausen über die Ethik der veganen Lebensweise und die Vorzüge des Veganismus sprechen. Eine Grenze dieses Rechtes ergibt sich aus der Treuepflicht des Arbeitnehmers, wenn durch sein Verhalten der Betriebsfrieden gefährdet wird, was wohl nur in absoluten Ausnahmefällen denkbar ist.

Ein bereits in der Praxis aufgetauchter Spezialfall ist die Frage, ob der Arbeitgeber Fachkräfte wie beispielsweise Ärzte, Heilpraktiker, und Diätassistenten anweisen darf, die vegane Ernährung nicht zu empfehlen. Hier ist zu unterscheiden: Fachkräfte mit Spezialwissen unterliegen einer eingeschränkten Weisungsfreiheit im Hinblick auf ihr Fachgebiet. Hierbei haben sie sich am jeweiligen Stand der Wissenschaft zu orientieren. Solange ihre Nahrungsempfehlung *lege artis* (den Regeln der Heilkunst entspricht) ist, dürfen nicht-medizinische Vorgesetzte keine entsprechende Weisung erteilen. Sollte jedoch die medizinische oder ökotrophologische Fachabteilung eine anti-vegane Linie verfolgen (z. B. Paläo-Ernährungsklinik), wäre meines Erachtens eine entsprechende Weisung zumindest von medizinischen Fachvorgesetzten denkbar.

Sollte ein Veganer eine entsprechende Anweisung erhalten, gegen die er sich wehren möchte, empfiehlt es sich, der Anweisung unter Protest zu folgen und vor dem Arbeitsgericht auf Feststellung zu klagen, dass die Weisung rechtswidrig ist. So kann das Problem einer gerichtlichen Klärung zugeführt werden, ohne dass ein Verlust des Arbeitsplatzes zu befürchten ist, wenn das Gericht anderer Auffassung als der Kläger sein sollte.

Wenn der Arbeitgeber vegane und vegetarische Mitarbeiter anweist, am Arbeitsplatz Fleisch und nicht-vegetarische bzw. nicht-vegane Lebensmittel für Kollegen zuzubereiten, stellt sich die Frage, ob der Mitarbeiter dieser Anweisung folgen muss. Dies hängt zunächst von der Auslegung des Arbeitsvertrages ab. Während einem Koch auch als Veganer in einem Steakhaus zuzumuten ist, aufgrund seines Arbeitsvertrages Fleisch zuzubereiten, dürfte ein als veganer Koch angestellter Mitarbeiter, wenn kein Notfall vorliegt, auf seinen fleischzubereitungsfreien Arbeitsvertrag verweisen.

In anderen Fällen gehört Kochen meist nicht zu den Pflichten des Arbeitnehmers und die Anweisung dürfte für den Arbeitgeber regelmäßig nicht vom Direktionsrecht gedeckt sein. Der Arbeitgeber darf keine willkürlichen Weisungen erteilen. Im Streitfall muss daher der Arbeitgeber darlegen und beweisen, dass eine betriebliche Notwendigkeit ohne Handlungsalternativen bestand, gerade den veganen Mitarbeiter mit der Zubereitung von Fleisch zu beauftragen.

In allen vorbezeichneten Fällen empfiehlt es sich für die Mitarbeiter, den Arbeitgeber auf die ethische Gewissensnot hinzuweisen, die mit seiner Anweisung verbunden ist. Bleibt der Arbeitgeber bei der Anweisung, sollte man ihr, bei derzeitiger Rechtslage, unter Protest Folge leisten und vor dem Arbeitsgericht für zukünftige Fälle die Rechtswidrigkeit der Anweisung klären lassen. Das sollte im Rahmen einer Feststellungsklage erfolgen.

Dürfen Hauswirtschaftslehrer sich weigern, im Unterricht Fleisch zuzubereiten, wenn im Lehrplan Fleischzubereitung steht? Wie bereits dargestellt, sollten die Lehrpläne im Hauswirtschaftsunterricht dringend überarbeitet werden. Bis dahin kann betroffenen Lehrern nur empfohlen werden, Alternativen anzubieten. Wenn der Arbeitgeber bei angestellten Lehrern oder der Dienstherr bei verbeamteten Lehrern auf die wortgetreue Erfüllung des Lehrplans besteht, sollte dem unter Protest gefolgt werden, um das Arbeitsverhältnis bei angestellten Lehrern nicht zu gefährden. Verbeamtete Lehrer sollten zur Vermeidung von disziplinarrechtlichen Folgen ebenfalls den Anweisungen unter Protest folgen. Die Betroffenen können dann über Gegenvorstellungen und Beschwerden bei Vorgesetzten und Betriebs- und Personalräten zunächst außergerichtlich versuchen, eine Verbesserung ihrer Situation zu erreichen. Wenn dies scheitert, besteht die Möglichkeit, eine Feststellungsklage beim Arbeits- oder Verwaltungsgericht einzureichen, mit dem Feststellungsziel, dass die Anweisungen unwirksam sind. Derartige Klagen sollten aber nur nach der Konsultation eines erfahrenen Fachanwaltes erfolgen.

Diskriminierung aufgrund veganer Ernährung

Ein Diskriminierungsschutz von Veganern und Vegetariern nach dem AGG, dem allgemeinen Gleichbehandlungsgesetz, ist absolut erstrebenswert. Ziel der europäischen Richtlinie, die dem AGG zugrunde lag, war es, einen umfassenden Schutz vor Diskriminierung in typischen Fallgruppen von Diskriminierung zu gewährleisten. Das AGG ist deshalb ein besonders scharfes Schwert, da es ungewöhnliche Sonderrechte für Betroffene einräumt. Hier sind insbesondere die Beweislastumkehr zugunsten der Betroffenen, das Zurückbehaltungsrecht und der Anspruch auf immateriellen Schaden zu nennen. Im Gegensatz zu Mobbingfällen sind daher Diskriminierungsfälle leichter einem gerichtlichen Entschädigungsurteil zuzuführen. Zudem eröffnet das AGG den Betroffenen eine zusätzliche innerbetriebliche Beschwerdemöglichkeit beim Mobbingbeauftragen eines Unternehmens.

Zunächst ist zu beachten, für wen das AGG, unabhängig von Diskriminierungsschutzfallgruppen, gilt:

§ 6 AGG:
- Arbeitnehmer
- Auszubildende
- Arbeitnehmerähnliche Personen
- Bewerber
- Ruheständler, Leiharbeitnehmer
- Freie Mitarbeiter
- Organmitglieder (Geschäftsführer/Vorstände)

Nicht benachteiligen dürfen folgende Personen:

- Arbeitgeber
- Vorgesetzte
- Mitarbeiter
- Dritte, wie Kunden und Lieferanten

Der Anwendungsbereich des Schutzes betrifft den Zugang zur Beschäftigung, besonders die Ausschreibungs- und Bewerbungsphase, die Arbeitsbedingungen, Einstellung, Vertragsgestaltungen, Beförderungsbedingungen, aber auch betrieblich veranlasste Situationen wie Geschäftsessen, Weihnachtsfeiern, arbeitsbedingte Fahrten etc. Zudem besteht auch ein nachvertraglicher Schutz, z. B. in der betrieblichen Altersversorgung.

Folgende Fallgruppen schützen ausdrücklich vor Benachteiligungen wegen

- Rasse
- ethnischer Herkunft
- Geschlecht
- Religion oder Weltanschauung
- Behinderung
- Alter
- sexueller Identität

Als typische Benachteiligung unterscheidet das Gesetz zwischen

- unmittelbarer Benachteiligung
- mittelbarer Benachteiligung
- Belästigung
- sexueller Belästigung
- Aufforderungen beziehungsweise Anweisungen zur Benachteiligung.

Schutzbereich Religion

Religiöse Vegetarier wie z. B. Siebenten-Tags-Adventisten und Veganer wie z. B. Jains fallen zweifelsfrei unter den Schutzbereich des AGG, wenn die Ernährung für den Glauben prägend und mit entsprechenden Jenseitserwartungen verbunden ist.

So glauben Hindus beispielsweise, basierend auf der Lehre der Panchabhutas (fünf Elemente, aus denen Lebewesen bestehen können; Mensch 5, Pflanze 1), dass der Konsum von Fleisch und Eiern zu einer höheren karmischen Belastung und Nachteilen im Jenseits, wie auch bei einer Reinkarnation führt. Der nachfolgende Fall aus der Praxis soll daher auf die Anwendbarkeit auf religiöse Vegetarier untersucht werden:

Ein türkischstämmiger Mandant arbeitete als Busfahrer. Da er ein Kind mit Essstörung hatte, wollte er die Mittagszeit mit seinem kranken Kind verbringen, um gemeinsam mit ihm zu essen. Er beantragte bei seinem Arbeitgeber eine Bustour sowie eine befristete Absenkung seiner Arbeitszeit, die ihm ermöglicht, mittags zu Hause zu sein. Dies wurde abgelehnt. Im Vorfeld wurde er von Vorgesetzten und Betriebsräten wegen seiner türkischen Herkunft gehänselt und als »Kümmeltürke« bezeichnet. Beim Essen klopfte ein Vorgesetzter ihm auf die Schulter und sagte: »Lecker, anatolisches Hundefutter.« Der Arbeitgeber wurde auf befristete Herabsetzung der Stundenzahl und Zuweisung auf die gewünschte Tour verklagt. Während der erste Antrag aussichtsreich war, bestand keine Erfolgsaussicht auf Zuweisung der gewünschten Tour, denn dies wäre ein Eingriff in das arbeitgeberseitige Direktionsrecht. Gleichzeitig wurde eine AGG-Beschwerde wegen Diskriminierung aufgrund ethnischer Herkunft und wegen der beleidigenden Äußerungen beim Arbeitgeber eingereicht. Hierbei wurde auch thematisiert, dass deutsche Kollegen im Gegensatz zum betroffenen Mandanten ihre Wunschtouren erhalten hatten. Indizien für eine Diskriminierung waren daher gegeben.

In der Güteverhandlung vor dem Arbeitsgericht regte der Arbeitsrichter dringend an, der Arbeitgeber möge den kinderfreundlichen Toureinsatz wohlwollend in Erwägung ziehen. Der Betroffene erhielt die Wunschtour sowie die begehrte Stundenzahl und fühlte sich insgesamt rehabilitiert.

Unterstellen wir, der Busfahrer wäre Hindu mit indischer Abstammung gewesen, so wäre er ebenfalls aufgrund seiner ethnischen Herkunft vor Diskriminierung geschützt gewesen. Zudem wären nahrungsbedingte Hänseleien und andere Benachteiligungen wegen des Schutzes der Religion sanktionierbar, auch wenn der Betroffene deutschstämmiger Konvertit wäre.

Würde ein nicht-religiöser Veganer bei türkischer, deutscher oder anderer Staatsangehörigkeit, bei im Übrigen gleichem Sachverhalt ebenfalls unter den Diskriminierungsschutz des AGG fallen? Dafür müsste der ethische Veganismus eine Weltanschauung im Sinne des AGG sein.

Wenn ein Arbeitgeber einen Veganer mit der Begründung ablehnt, dass er Veganer nicht einstelle, stellt sich die Frage, ob der Veganer einen Anspruch auf drei Monatsgehälter Schadensersatz nach dem Allgemeinen Gleichbehandlungsgesetz hat.

Wenn ein Arbeitgeber eines Lebensmittelhandels seinen veganen Mitarbeiter an die Fleischtheke versetzt, stellt sich ebenfalls die Frage, ob eine Diskriminierung nach dem Allgemeinen Gleichbehandlungsgesetz vorliegt. Selbst wenn im vorliegenden Fall dem Betroffenen auf einer anderen Rechtsgrundlage geholfen werden kann, ist doch ganz entscheidend, dass die Veganer unter den besonderen Antidiskriminierungsschutz des Allgemeinen Gleichbehandlungsgesetzes fallen.

Schutzbereich Weltanschauung

Wie bereits dargestellt, ist, nach der herrschenden Meinung, der säkular-ethische Veganismus keine Weltanschauung im Sinne des Grundgesetztes und des AGG. Dies liegt darin begründet, dass der Weltanschauungsbegriff sehr eng ausgelegt wird. Wie bereits dargelegt, ist nach ständiger Rechtsprechung eine Weltanschauung nur in sehr seltenen Fällen anzunehmen. Schützenswert ist demnach eine mit der Person verbundene Gewissheit über bestimmte Aussagen zum Weltganzen sowie zur Herkunft und zum Ziel des menschlichen Lebens. Die Religion legt eine den Menschen überschreitende und umgreifende (transzendente) Wirklichkeit zugrunde, während sich die Weltanschauung auf innerweltliche (immanente) Bezüge beschränkt. Dem Veganismus soll das umfassende weltganze religionsähnliche Element fehlen, um als Weltanschauung geschützt zu werden so z. B. Däubler in dem Rechtskommentar Däubler/Berzbach AGG- HK § 1 Rn 69 oder in Bernhard Frankes »Das Allgemeine Gleichbehandlungsgesetz in Rechtshandbuch für Frauen und Gleichstellungsbeauftragte«.

Da der Veganismus unterschiedliche Gründe haben kann, sollte hier eine Differenzierung anhand von Einzelfällen erfolgen. Veganer, die den veganen Lebensstil allein aus gesundheitlichen Gründen praktizieren, fallen definitiv nicht unter den Schutz des Begriffes der Weltanschauung. Säkular-ethische Veganer, die mit ihrer Ernährungs- und Lebensweise ein umfassendes Weltbild des Zusammenlebens von Mensch und Tier, eingebettet in Vorstellungen zum Weltganzen, verbinden, können aber unter den Schutzbereich der Weltanschauung fallen. Dies lässt sich nach der sogenannten systematischen und historisch-genetischen Gesetzesauslegung wie folgt begründen: Der

Begriff Weltanschauung wurde unter anderem in der Umsetzung der europäischen Richtlinie zur Schaffung eines allgemeinen Rahmens für die Verwirklichung der Gleichbehandlung vom 27.11.2000 (2000/78/EG) in das deutsche AGG aufgenommen. Auch andere EU-Länder mussten gemäß der Richtlinie entsprechende Gesetze schaffen. In allen anderen Sprachfassungen schützt die umgesetzte Richtlinie gegen Diskriminierungen schon bei der Verletzung von bloßen Überzeugungen und damit auch politische und sonstige Anschauungen, die kein Analogon zu Religionen darstellen. Dies ergibt sich z. B. aus den Verwendungen der Begriffe »belief« in der englischsprachigen Fassung oder »conviction« in der französischen Fassung, die mit dem Wort »Überzeugung« übersetzt werden können (so grundlegend Däubler in »Weltanschauung auf europäisch« in NJW 36, 2006).

Zur Auslegung des Begriffes »belief« im Rahmen der Europäischen Menschenrechtskonvention (EMRK), also einer anderen Rechtsquelle, wird im Handbuch zum europäischen Antidiskriminierungsrecht 2011 ab Seite 135 Folgendes ausgeführt:

»In einer Reihe von Rechtssachen im Zusammenhang mit dem materiellen Recht auf Freiheit der Religion und Weltanschauung nach Maßgabe der EMRK hat der EGMR [Europäischer Gerichtshof für Menschenrechte] klargestellt, dass der Staat nicht vorschreiben darf, was eine Religion oder Weltanschauung darstellt. Das Recht auf Freiheit der Religion und der Weltanschauung ist auch in Artikel 18 des Internationalen Pakts über bürgerliche und politische Rechte aus dem Jahr 1966 als eigenständiges Recht verankert (dem alle Mitgliedstaaten der Europäischen Union und des Europarats beigetreten sind). Vgl. Menschenrechtsausschuss der Vereinten Nationen, General Comment No. 22: Article 18 (Freedom of thought, conscience or religion) [Allgemeine Bemerkung Nr. 22: Artikel 18 (Gedanken-, Gewissens- und Religionsfreiheit)]. 224 Islington London Borough Council/Ladele (Liberty intervening) [2009] EWCA Civ 1357, UK Court of Appeal (Berufungsgericht), 12.02.2010. Handbuch zum europäischen Antidiskriminierungsrecht 136.«

Dieses Recht schütze auch »Atheisten, Agnostiker, Skeptiker sowie Gleichgültige« und somit all jene, die sich dafür oder dagegen entscheiden, »einer Religion oder Weltanschauung anzuhängen und eine Religion zu praktizieren«. Diese Rechtssachen verdeutlichen auch, dass Religion oder Weltanschauung im Wesentlichen persönlich und subjektiv sind und nicht zwangsläufig mit einem institutionell verankerten Glauben in Zusammenhang stehen müssen.

Der EGMR befasste sich mit dem Begriff Weltanschauung im Zusammenhang mit dem Recht auf Bildung nach Artikel 2 des Protokolls Nr. 1 zur EMRK. Demzufolge hat der Staat das Recht der Eltern zu achten, »die Erziehung und den Unterricht entsprechend ihren eigenen religiösen und weltanschaulichen Überzeugungen sicherzustellen«. Der EGMR erklärte: »In seiner ursprünglichen Bedeutung ist der Begriff ›Überzeugungen‹ – für sich genommen – nicht mit den Begriffen ›Meinungen‹ und ›Ideen‹ synonym, wie sie in Artikel 10 [...] der Konvention verwendet werden, in dem die Freiheit der Meinungsäußerung garantiert wird; er ähnelt eher dem in Artikel 9 genannten Terminus ›Weltanschauung‹ (im französischen Text: ›convictions‹) [...] – und bezeichnet Ansichten, die ein gewisses Maß an Stichhaltigkeit, Ernsthaftigkeit, Kohäsion und Gewicht aufweisen.«

Der ethische Veganismus ist nach meiner Auffassung zweifelsfrei eine Ansicht mit hohem Maß an Stichhaltigkeit, Ernsthaftigkeit, Kohäsion und Gewicht und damit zwingend »belief« und Weltanschauung im Sinne der europäischen Menschenrechtskonvention. Ebenso sicher ist der Veganismus keine Weltanschauung im Sinne des Grundgesetzes, da ihm der religionsgleiche Charakter fehlt.

Welchen Weltanschauungsbegriff wollten die europäischen Verordnungsgeber der Antidiskriminierungsrichtlinie zugrunde legen? Welchen Weltanschauungsbegriff sollte man zugrunde legen, wenn man einen europaweit gleichwertigen, an der europäischen Menschenrechtskonvention orientieren Schutz anstrebt? Bei der Auslegung von Gesetzen wenden Juristen klassische Auslegungsgrundsätze an. Nach der historischen Auslegungsmethode ist auf den konkreten Regelungswillen des Normgebers abzustellen. Nach der systematischen Gesetzesauslegung ist auf die Regelungssystematik im Zusammenspiel mit anderen Gesetzen abzustellen. Nach der teleologischen Gesetzesauslegung ist darauf abzustellen, was der Regelungsgeber wohl sinnvollerweise hätte regeln wollen, wenn ihm der konkrete Fall bewusst gewesen wäre. Unter Beachtung dieser Auslegungsrichtlinien spricht für die Anwendung des weiten Weltanschauungsbegriffes im AGG:

> Die Tatsache, dass in anderen Ländern, die die gleiche Verordnung in nationales Recht umgesetzt haben, der weite Begriff »belief« oder »conviction« verwendet wurde. (Historischer Wille des Verordnungsgebers)
> Die Systematik der Europäischen Antidiskriminierungsgrundsätze, den Art. 9 EMRK schützt gewichtige Ansichten (Gesetzessystematik).
> Die sich aufdrängende Wertung, dass das nichtreligiöse Ernährungsgewissen nicht weniger schützenswert ist als das religiöse (Normtelos).

Daher war es m. E. der historische Wille des Verordnungsgebers der EU-Richtlinie, auch Überzeugungen, die keine Religion oder religionsähnlich sind, vor Diskriminierung zu schützen. Auch die gesetzessystematische Auslegung des Begriffes Weltanschauung legt nahe, eine möglichst einheitliche europäische Umsetzung des Diskriminierungsschutzes zu gewährleisten. Der Begriff Weltanschauung im Sinne des AGG ist daher im Hinblick auf den ethischen Veganismus weiter auszulegen als in Art. 4 GG und umfasst meines Erachtens auch den Veganismus. (Siehe hierzu: Wolfgang Däubler, Jens Peter Hjort, Dietmar Hummel, Martin Wolmerat (Hrsg.): Arbeitsrecht, Individualarbeitsrecht mit kollektiven Bezügen, Handkommentar. Baden-Baden 2008, S. 87f.)

Gleichwohl ist bedauerlicherweise nach der noch herrschen Meinung damit zu rechnen, dass vor Gericht eher eine sehr restriktive

Auslegung des Weltanschauungsbegriffe erfolgt. Dies ist wohl auf den rechtspolitischen Wunsch zurückzuführen, dass verfassungsfeindliche Organisationen keinen Schutz des Weltanschauungsbegriffes haben sollen. So gibt sich das Bundesarbeitsgericht in der Entscheidung vom 20.06.2013 (8 AZR 482/12) sybillinisch, indem es zu der Frage, ob der chinesische Kommunismus eine Weltanschauung im Sinne des AGG ist: »Es kann dahinstehen, ob heute überhaupt noch von einer kommunistischen Weltanschauung gesprochen werden kann, die im Allgemeinen eingenommen werden könnte oder die speziell im Falle der Volksrepublik China handlungsbereit ist.« Die Richter lassen die Diskriminierung daran scheitern, dass nicht ausreichend Indizien für die Weltanschauung der Klägerseite vorgetragen wurden. Der restriktive Umgang mit dem Weltanschauungsbegriff hat nachvollziehbare Gründe. Rechtspolitisch ist es, wie bereits dargestellt, erstrebenswert, dass verfassungsfeindliche Gruppierungen wie Neonazis etc. keinen Antidiskriminierungsschutz am Arbeitsplatz beanspruchen können.

Gleichwohl scheint die fehlerhaft restriktive Handhabung des Weltanschauungsbegriffs hier nicht das adäquate Mittel zu sein, da so andere schützenswerte und keineswegs verfassungsfeindliche Weltanschauungen, hier die vegan-antispeziesistische, mit über die rechtspolitische Klippe springen müssen. Unerwünschte verfassungsfeindliche Weltanschauungen können auch auf anderen juristischen Wegen, z. B. auf der Rechtfertigungsebene von Diskriminierungstatbeständen, in die Schranken unseres Rechtssystems gewiesen werden. Der bekannte Arbeitsrechtler Prof. Däubler prüft in dem Aufsatz »Weltanschauung auf europäisch« folgenden Fall: Kann ein Verkäufer, Tierrechtler und Vegetarier unter Berufung auf das AGG verhindern, in die Fleischabteilung seines Arbeitgebers (Großkonzern) versetzt zu werden? Die Recherchen seiner Mitarbeiter ergeben, dass in allen anderen Mitgliedsstaaten, die die AGG-Richtlinie umgesetzt haben, eine Begrifflichkeit gewählt wurde, die dem deutschen Wort »Überzeugung« entspricht. Er kommt zu folgendem Ergebnis: »Euro-Sprak schwere

Sprak. 19 zu 1 steht's für ›Überzeugung‹, das kann auch bei der Auslegung der deutschen Fassung des AGG nicht unberücksichtigt bleiben. Unser Tierrechtler hat eine gute, eigentlich sogar eine sehr gute Chance.« Mittlerweile ist Prof. Däubler offensichtlich von dieser Auffassung abgerückt. Es ist zu hoffen, dass diese wichtige Rechtsfrage zeitnah von einem deutschen Arbeitsgericht, dem europäischen Gerichtshof in einem Vorlagebeschluss zur Prüfung vorgelegt wird.

Praxistipps

> Bei einer arbeitsgerichtlichen Auseinandersetzung mit veganem AGG-Bezug unter Berufung auf (Art. 19 Abs. IV GG »gesetzlicher Richter«) auf einen Vorlagebeschluss drängen.

> Den Autor hierüber informieren.

Antispeziesismus als Weltanschauung im Sinne des AGG

Bislang wurde weder in der juristischen Literatur noch in der Rechtsprechung überprüft, ob der Antispeziesismus eine Weltanschauung im Sinne des AGG ist. Aus dem oben erwähnten Urteil des BAG ist zu entnehmen, dass die Betroffenen sehr genau alle Tatsachen und Hintergründe, die für das Vorliegen einer Weltanschauung sprechen, darlegen müssen. Der Antispeziesismus bietet sich bei Klagen als Weltanschauung im Vergleich zum Veganismus deshalb an, weil er über bloße Ess- und Konsumverhaltensweisen hinausgeht und philosophische Überlegungen zum Weltganzen anstellt. Zumindest hier sollte Potential für ein Diskriminierungsschutz nach dem AGG bestehen. Däubler verlangt neben Abstinenz von tierischen Produkten und dem Selbstverständnis als Tierschützer eine dem Anspruch nach die Welt erklärende Konzeption (Däubler in Däubler/Berzbach AGG- HK § 1 Rn 69). Diese dürfte bei Anhängern der Tierbefreiungsbewegung und radikalen Antispeziesisten darstellbar sein.

Mobbing aufgrund veganer Ernährung

Sollten Veganer oder Vegetarier aufgrund ihrer Ernährung gemobbt werden, gelten die allgemeinen Grundsätze der Rechtsprechung. Bei Mobbing und Diskriminierungsfällen sollte ein auf dieses Rechtsgebiet spezialisierter Anwalt aufgesucht werden. Nachfolgend werden daher nur die Grundzüge der Thematik erörtert.

Das Bundesarbeitsgericht nimmt Mobbing an, wenn folgende Voraussetzungen erfüllt sind:

> Schikane durch Vorgesetzte oder Kollegen am Arbeitsplatz (BAG).
> Fortgesetztes, systematisches Verhalten mit feindseliger Willensrichtung.
> Näheres unter BAG 18.05.2007, AZR 709/06.

Den Betroffenen gelingt es selten, diese engen Voraussetzungen darzulegen und zu beweisen. Daher sollten die Betroffenen ein Mobbingtagebuch führen, das die Beweisführung erleichtert.

Das Mobbingtagebuch sollte als wichtiges Instrument zur Beweissicherung folgende Informationen enthalten:

> Wer?
> Wann?
> Wo?
> Was genau?
> Welche Beweismittel? (Zeuge, Urkunde, Augenschein, evtl. eidesstattliche Versicherung).
> Welches Mobbingindiz nach der Leymannliste? (Prof. Leymann hat 45 mobbingtypische Verhaltensweisen in einer Liste zusammengefasst)

Folgende typische Fallkonstellationen können sich bei Mobbingbetroffenen ergeben. Typische Mobbingkonstellationen sind:

> Üble Nachrede und Verleumdung durch Kollegen
> Einschüchterungen und Anfeindungen durch Kollegen und Vorgesetzte
> Entzug von Aufgaben (schleichende Änderungskündigung)
> Gezielte Überforderung
> Strafversetzung, Strafumsetzung und willkürliche Weisungen
> Diskriminierungen im Anwendungsbereich des AGG

Hierauf kann der Betroffene mit folgenden Mitteln reagieren:

Beschwerden
Arbeitnehmern wie auch Beamten stehen umfangreiche Beschwerderechte zu. Sie können sich bei entsprechender Zuständigkeit z. B. bei Vorgesetzten, Betriebs-und Personalräten, Frauen-, Schwerbehinderten-, Mobbing- und AGG-Beauftragten beschweren.

Betriebliches Eingliederungsmanagement
Wer an Mobbing dauerhaft erkrankt, sollte die Möglichkeiten des SGB IX nutzen. Hier ist das betriebliche Eingliederungsmanagement in § 84 II SGB IX geregelt.

In einem strukturierten Verfahren werden zusammen mit Personalvertretung, ggfs. Betriebsarzt, Schwerbehindertenbeauftragen und Integrationsfachdienst, Arbeitseinsatzmöglichkeiten diskutiert, die sicherstellen sollen, dass der Arbeitnehmer zukünftig nicht mehr erkrankt. Bei einem guten BEM können häufig Mobbingkonstellationen aufgelöst werden, indem die Betroffenen an einen leidensgerechten Arbeitsplatz versetzt werden.

Anspruch auf leidensgerechten Arbeitsplatz geltend machen
Nach der neueren Rechtsprechung gibt es sogar einen einklagbaren

Anspruch auf einen leidensgerechten Arbeitsplatz. Gemäß § 81 Abs. 4 S. 1 Nr. 1 SGB IX hat der Arbeitnehmer Anspruch auf behinderungsgerechte Beschäftigung. Eine Ausnahme gilt, wenn es keine behindertengerechten Stellen beim AG/Dienstherrn gibt (BAG, NZA 2006,155–160).

Vor Erhebung einer derartigen Klage sollte man sich jedoch auch der Gefahr bewusst sein, dass, wenn die Klage ergibt, dass keine Stelle frei ist, dies ggfs. eine Steilvorlage zur Kündigung des Mitarbeiters oder der Versetzung in den Ruhestand bei Beamten ist.

Klage auf vertragsgemäße Beschäftigung

Bei Fällen, bei denen der Arbeitnehmer unterhalb seiner vertraglichen Arbeitsplatzbeschreibung oder unterhalb seiner tarifvertraglichen Eingruppierung beschäftigt wird, kann er regelmäßig erfolgreich auf Zuweisung von Arbeiten gemäß seiner tarif- bzw. arbeitsvertraglichen Eingruppierung klagen, um so zu verhindern, dass das Kündigungsschutzgesetz umgangen wird. Bei den Fällen von schleichenden Änderungskündigungen, also wenn z. B. ohne Kündigung oder Versetzung nur noch geringwertige oder gar keine Arbeiten mehr zugewiesen werden, sollte man anwaltliche Hilfe in Anspruch nehmen.

So kann auch ein als »vegan« angestellter Koch für den Fall, dass sein Arbeitgeber die Zubereitung von Fleisch anordnet, ebenfalls auf vertragsgemäße Beschäftigung und Zuweisung von veganen Kochaufträgen klagen.

Strafbewehrte Unterlassungsklagen

Auch am Arbeitsplatz sind strafbewehrte Unterlassungsklagen gegen Kollegen möglich, wenn diese immer wieder Beleidigungen aussprechen und beispielsweise den Veganer bei nahezu jedem Essen z. B. als »bekloppten Körnerfresser« bezeichnen. Hier wäre das Arbeitsgericht zuständig. Ansonsten gilt das unter »Schutz vor Beleidigungen« Erörterte.

Zurückbehaltungsrecht
Zurückbehaltungsrecht bedeutet, dass der Arbeitnehmer nicht mehr zur Arbeit erscheinen muss, aber gleichwohl einen Anspruch auf Bezahlung seiner Bezüge hat.

Ein Zurückbehaltungsrecht bei reinen Mobbingfällen gibt es im Gegensatz zu Diskriminierungsfällen, in denen das Zurückbehaltungsrecht gesetzlich geregelt ist, nicht. Bei der Ausübung des Zurückbehaltungsrechts sollte man vorsichtig sein, da für den Fall, dass das Gericht zu dem Ergebnis kommt, dass ein Zurückbehaltungsrecht nicht besteht, für das Fernbleiben von der Arbeit auch wirksam gekündigt werden kann. Hier kann man alternativ auf Feststellung klagen, dass für die Zukunft bei andauernder Diskriminierung ein Zurückbehaltungsrecht besteht.

Klagen auf Schadensersatz und Schmerzensgeld
Bei Klagen auf Schadensersatz und Schmerzensgeld kommen folgende Schäden als möglicherweise einklagbar in Betracht: Behandlungskosten, Gehaltsausfall wegen geringerem Krankengeld als Lohn, geringere Rentenanwartschaften, geringere Bezüge wegen vorzeitigen Ruhestandes.

Zudem kann der sogenannte immaterielle Schaden in Form eines Schmerzensgeldes geltend gemacht werden. Die Höhe des Schmerzensgeldes kann bis zu einem Monatsgehalt pro Mobbing-/Diskriminierungsmonat betragen. So zumindest urteilt das LAG-Thüringen. Die Monatshöhe lässt sich bei Diskriminierungsfällen auch gut mit dem Zurückbehaltungsrecht begründen.

Generell gilt für Mobbingschadensersatzklagen, dass leider sehr geringe Erfolgsaussichten bestehen. Dies liegt an der kompletten Darlegungs- und Beweislast für systematisches, ineinander übergreifendes Dauerverhalten mit feindseliger Willensrichtung, die nach ständiger Rechtsprechung des BAG beim Arbeitnehmer liegt. Anders ist die Situation bei Diskriminierungsfällen und der damit verbundenen

Praxistipps

> Deeskalativ vorgehen, mit Vorgesetzten, Kollegen sprechen, Mediation anbieten.

> Mobbingtagebuch führen.

> Fachleute in Mobbingberatung wie Rechtsanwälte, Psychologen konsultieren.

> Ansprüche rechtzeitig geltend machen, die kurzen Fristen beachten.

> Strategie entwickeln.

Beweislastumkehr nach dem AGG. Zu beachten sind in solchen Fällen stets die kurzen Verfallsfristen in Tarifverträgen (häufig sechs Monate) sowie zwei Monate für Geltendmachung, dann ab Geltendmachung nach dem AGG weitere drei Monate für die Klage 61b ArbGG.

Diskriminierung von Veganern

Sonderdiskriminierungsschutz von Veganern nach der europäischen Menschenrechtskonvention und anderen internationalen Rechtsquellen

Zum verbesserten Schutz von Veganern stellt sich die Frage, ob man zusätzlichen Antidiskriminierungsschutz für Veganer und Vegetarier aus Art. 9 der europäischen Menschenrechtskonvention ableiten kann. Dieser lautet wie folgt:

> (1) Jede Person hat das Recht auf Gedanken-, Gewissens- und Religionsfreiheit; dieses Recht umfasst die Freiheit, seine Religion oder Weltanschauung zu wechseln, und die Freiheit, seine Religion oder Weltanschauung einzeln oder gemeinsam mit anderen öffentlich oder privat durch Gottesdienst, Unterricht oder Praktizieren von Bräuchen und Riten zu bekennen.
> (2) Die Freiheit, seine Religion oder Weltanschauung zu bekennen, darf nur Einschränkungen unterworfen werden, die gesetzlich vorgesehen und in einer demokratischen Gesellschaft notwendig sind für die öffentliche Sicherheit, zum Schutz der öffentlichen Ordnung, Gesundheit oder Moral oder zum Schutz der Rechte und Freiheiten anderer.

Nach absolut herrschender Meinung ist dies der Fall. Der ethische Veganismus ist eine ethische Lebenshaltung und Lebensweise und nicht ein bloße Meinung. Vor diesem Hintergrund gilt sie als schützenswerter »belief« bzw. Weltanschauung im Sinne der europäischen Menschrechtskonvention. (So sieht es auch die Vegan Society unter vegansociety.com/society/key-facts.)

An dieser Stelle zeigt sich erneut, wie unterschiedlich der Begriff Weltanschauung in verschiedenen Gesetzen ausgelegt wird. Der ethische Veganismus ist keine Weltanschauung im Sinne des Grundgesetzes, da er kein Analogon zu einer Religion darstellen soll. Auch soll er nach herrschender Meinung deutscher Arbeitsgerichte keine Weltanschauung im Sinne des AGG sein. Er ist aber eine Weltanschauung im Sinne der europäischen Menschenrechtskonvention. Diese unterschiedliche Auslegung des Weltanschauungsbegriffs führt zu unnötiger Unklarheit und damit zur Schwächung von veganen Rechtspositionen im Hinblick auf den Diskriminierungsschutz der Betroffenen. Befremdlich ist für den laienhaften Rechtssuchenden sicher auch, dass Art. 9 EMRK und der damit verbundene Schutz von Veganern im bundesdeutschen Rechtsranggefüge wie ein nationales Gesetz zu werten ist, das im Lichte der Verfassung zu interpretieren ist.

Das europäische Recht sollte zu einer möglichst gleichartigen und damit harmonischen Anwendung in den Mitgliedsländern führen. Vor diesem Hintergrund ist es erstrebenswert, den ethischen Veganismus unter den Schutz aller denkbaren Weltanschauungsbegrifflichkeiten fallen zu lassen. Ansonsten verbleibt, soweit möglich, nur der Gang zum Europäischen Gerichtshof für Menschenrechte. Dieser hat schon mehrfach die Rechte von Vegetariern unter Anwendung des »Weltanschauungsbegriffes« geschützt. Hier sind vom EGMR mehrere Urteile zu Gunsten von Vegetariern in Gefängnissen ergangen. Bislang hat sich der EGMR überwiegend mit Veganern und Vegetariern in Haft beschäftigt. Die diesbezüglichen Urteile gelten aber auch für Veganer und Vegetarier in anderen Konstellationen staatlicher Benachteiligungen und sind daher generell von Interesse.

Im Fall Vartic gegen Rumänien, unter dem Aktenzeichen 14150/08 Judgement (Merits and Just Satisfaction) Court (Third Section) | 17/12/2013f., entschied der Europäische Gerichtshof für Menschenrechte zugunsten eines Häftlings, dem vegetarisches Essen verweigert wurde.

Der 1973 geborene Häftling war zu 25 Jahren Freiheitsstrafe verurteilt, die er in verschieden rumänischen Haftanstalten absolvierte. Er litt unter chronischer Hepatitis und war aufgrund seines buddhistischen Glaubens Vegetarier. Daher beantragte er vegetarische Kost, die für seine Krankheit geeignet war. Er erhielt jedoch nicht-vegetarische Krankenkost und konnte auch keine Selbstversorgung mit vegetarischer Ernährung durch Angehörige veranlassen. Er machte daher eine Menschenrechtsverletzung geltend, da in seine Religionsausübungsfreiheit, Art. 9 EMRK, eingegriffen wurde.

Die rumänische Regierung wandte unter anderem sinngemäß ein, dass es sich bei der Nichteinhaltung von Speisevorschriften nicht um wesentliche Rechtsverletzung handele und dass Kleinigkeiten (Grundsatz *minima non curat praetor*) keinen Zugang zu richterlicher Beurteilung haben sollten, zumal er Fleisch aufgrund seiner Krankheit benötigt habe und zudem die Bereitstellung von vegetarischem Essen mit unzumutbarem Verwaltungsaufwand verbunden sei.

Das Gericht war anderer Auffassung: Die Ernsthaftigkeit der religiösen Motivation des Antragstellers entnahm es aus dessen diversen Versuchen, vegetarisches Essen zu erhalten. Die Bereitstellung von vegetarischem Essen sah das Gericht als unproblematisch realisierbar an und bejahte infolgedessen eine Verletzung des Art. 9 EMRK. Das Gericht verurteilte Rumänien, an den Antragsteller 3.000 Euro immateriellen Schadensersatz zu bezahlen. Demnach ist die religiöse vegetarische Ernährung zweifelsfrei von Art. 9 EMRK geschützt.

Aber auch der säkulare Veganismus wird vom EGMR als Weltanschauung im Sinne von Art. 9 EMRK geschützt. Dies wurde unter anderem unter dem Fall H v the UK (ECtHR App.18187/91) thematisiert. Dem lag folgender Fall zugrunde: Der Antragsteller ist 1957 geborener Brite und saß im Gefängnis von Albany ein. Er wurde nach Blundeston verlegt, wo die Häftlinge nach der Gefängnispolitik arbeiten sollten. Er sollte in einer Druckerei arbeiten, die Tinte verwendete, die durch Tierversuche getestet wurde. Dies widersprach seiner veganen Weltanschauung (»vegan belief«). Am 13. Mai 1991 weigerte er sich daher, in der Druckerei zu arbeiten. Hierfür erhielt er mehrere Disziplinarstrafen, da er gegen Gefängnisregeln verstoßen habe. Es wurden ihm zwei Tage von seiner Haftverbüßung abgezogen, d. h. er saß zwei weitere Tage im Gefängnis, und er erhielt eine Geldstrafe von einem, später noch einmal zwei britischen Pfund. Gegen die Strafen und die Arbeitspflicht legte der Antragsteller Beschwerde ein. Er machte eine Verletzung seiner veganen Weltanschauung gemäß Art. 9 EMRK geltend.

Alle Verfahrensbeteiligten stimmten hier darin überein, dass die vegane Weltanschauung unter den Schutzbereich von Art. 9 EMRK fällt. Unter die Weltanschauungsbetätigungsfreiheit fällt auch, nach der Meinung aller Verfahrensbeteiligter, das Meiden von Arbeit mit nicht-veganen Produkten. Es wurde dem Häftling vom Antragsgegner allerdings unterstellt, er habe seine vegane Weltanschauung lediglich vorgeschoben, um nicht arbeiten zu müssen. Die Beschwerde wurde aus rein formellen Gründen abgelehnt, da der Beschwerdeführer nicht alle nationalen Rechtmittel ausgeschöpft hatte.

Zusammenfassend lässt sich daher feststellen, dass sowohl der religiöse Vegetarismus als auch der säkular-ethische Veganismus unter den Schutzbereich von Art. 9 der Europäischen Menschenrechtskonvention fällt. Ein Schutz der Betroffenen vor staatlichen Verletzungen dieser Rechte ist daher nach Ausschöpfung der nationalen Rechtschutzmöglichkeiten vor dem Europäischen Gerichtshof für Menschenrechte einklagbar.

Hierbei sollte man auch nachfolgende internationale Rechtsquellen im Auge haben, die im Hinblick auf den ethischen Veganismus eine Rolle spielen.

Recht auf Gedanken-, Gewissens-, Weltanschauungs- und Religionsfreiheit:

> Universal Declaration of Human Rights (UDHR) Art. 18,
> International Covenant on Civil and Political Rights (ICCPR) Art. 18
> European Convention on Human Rights (ECHR) Art. 9, and
> Charter of Fundamental Rights of the European Union (CFREU), Art. 10

Als weitere Menschenrechte, die auf den ethischen Veganismus Anwendung finden, die Rechte:

> auf Freiheit vor Diskriminierung (ICCPR Art. 26; CFREU Art. 21; ECHR Art. 14)
> auf ein Privat-und Familienleben (ECHR Art. 8; ICCPR Art. 23)
> auf eine angemessene Essens- und Nahrungsmittelinformation (UDHR Art. 25; International Covenant on Economic and Social Rights, Art. 11)
> auf Meinungsfreiheit (ICCPR Art. 19[2]; CFREU Art. 11; ECHR Art. 10).

(Zitiert nach Entwurf einer Abschlusserklärung zum *1st International Law Symposium on the right to to a plant based diet* von Barbara Bolton/ Schottland, Berlin Mai 2016)

Praxistipp

> Experten für EMRK-Verfahren aufsuchen.

Beleidigung und Diskriminierung von Veganern außerhalb des Arbeitsplatzes

Als Menschen, die sich von anderen unterscheiden, sind selbstverständlich auch Veganer und Vegetarier gesellschaftlichen Ausgrenzungs- und strukturellen Diskriminierungsmechanismen ausgesetzt. Dies fördert die Charakterstärke und kann häufig mit Humor und Toleranz gut überwunden werden. Mittlerweile ist es gesellschaftlich weithin akzeptiert, sich vegetarisch zu ernähren, während Veganer noch etwas Geduld benötigen.

Doch sobald strafrechtlich relevante Beleidigungen eine Rolle spielen, kann die Beleidigung bei der zuständigen Ermittlungsbehörde angezeigt werden. Hierbei ist zu beachten, dass die Beleidigung ein sogenanntes Antragsdelikt ist. Daher reicht es nicht aus, die Beleidigung nur zur Anzeige zu bringen. Der Betroffene muss zudem einen Strafantrag stellen, da ansonsten das Verfahren mangels Strafantrag eingestellt wird. Die Frist läuft gemäß § 77b StGB drei Monate ab Kenntnis von Tat und Täter. Das Gleiche gilt bei übler Nachrede und Verleumdung, wenn unwahre ehrverletzende Tatsachen gegenüber Dritten verbreitet werden.

Neben den strafrechtlichen Möglichkeiten stehen den Betroffenen auch zivilrechtliche Handlungsoptionen zur Verfügung. Dies hat den Vorteil, das Verfahren selber steuern zu können. Ermittlungsverfahren wegen Beleidigung werden häufig eingestellt, während zivilrechtliche Unterlassungsklagen zwingend verhandelt werden müssen.

Voraussetzung ist hierfür, dass eine Wiederholungsgefahr besteht. In derartigen Fällen sollte ein Aufforderungsschreiben an den Beleidiger oder Verleumder versendet werden, indem er aufgefordert wird, sich zu verpflichten, es zukünftig zu unterlassen, die geschehenen Beleidigungen zu wiederholen. Bei übler Nachrede und Verleumdung sollte er zusätzlich aufgefordert werden, die unwahren Tatsachenbehauptungen zu widerrufen. In der Erklärung soll der Verursacher sich verpflichten, für jeden Fall der zukünftigen Wiederholung eine angemessene, zu beziffernde Entschädigung zu zahlen. Bei dem Unterlassungsschreiben sollte bereits anwaltliche Hilfe in Anspruch genommen werden.

Wenn der Verursacher nicht innerhalb der gesetzten Frist reagiert, kann der Betroffene eine strafbewehrte Unterlassungsklage veranlassen. (Gegebenenfalls kann hier sogar im Eilverfahren geklagt werden.) Hierbei wird der Verursacher verurteilt, für jeden Wiederholungsfall eine vom Gericht der Höhe nach festzusetzende Geldsumme zu bezahlen. Ersatzweise wird der Verursacher zu Haft verurteilt. Daher kann auch bei verarmten Verursachern mit einer Durchsetzung der Unterlassung gerechnet werden.

Bei Fällen schwerer Beleidigung, Stalking und Ähnlichem kann, insbesondere wenn sich hieraus Folgeerkrankungen ergeben, Schadensersatz und Schmerzensgeld geltend gemacht werden. Ob dies im Einzelfall sinnvoll ist, sollte anwaltlich geklärt werden.

Praxistipps

> Deeskalativ vorgehen, externe Vermittlung versuchen (durch gemeinsame Bekannte, Mediatoren etc.).

> Außergerichtlich Unterlassung und gegebenenfalls Entschuldigung verlangen.

> Experten hinzuziehen, gegebenenfalls Anzeige erstatten und klagen.

ALG II und Veganismus

Hartz-IV-Empfänger erhalten im sogenannten Regelsatz einen Nahrungsmittelanteil für Essen und alkoholfreie Getränke von monatlich 141,65 Euro pro Monat, bei 31 Tagen sind dies zurzeit 4,56 Euro pro Tag (Stand 2015). Von dieser Summe soll man sich nach Auffassung der staatlichen Experten gesund ernähren können. Die DGE vertritt sogar die Auffassung, dass sich auch Diabetiker von diesem Geld gesund ernähren können. Eine ausgewogene mediterrane Ernährung mit viel Obst und Gemüse dürfte aber schwerlich von diesem Budget finanzierbar sein.

Nun ist das Berliner Jobcenter in einem interessanten Sonderfall zu einer weiteren Einschränkung des Budgets gekommen.

Sogenannte Aufstocker befinden sich in einem Beschäftigungsverhältnis und verdienen so wenig, dass sie zusätzlich ALG-II-Leistungen in Anspruch nehmen müssen. Wenn ein Arbeitgeber auf eigene Kosten seinen Mitarbeitern Verpflegung zur Verfügung stellt, freut sich der Fiskus und kürzt den Betroffenen anteilig den Nahrungsbedarf, da sie ja weniger Geld zum Essen benötigen.

Ob dies das richtige Signal ist, um Geringverdiener zu motivieren, weiterzuarbeiten, obwohl sie bei Nichtarbeit ähnlich finanziell ausgestattet sind, mögen die Verantwortlichen selber beurteilen. Was ist aber, wenn, wie in dem vorbezeichneten Fall, der Arbeitgeber nur Fleischnahrung serviert und der Arbeitnehmer diese aus diätetischen oder ethischen Gründen ablehnt? Hier haben wir es wieder mit einem staatlichen Eingriff in die Rechtsposition des Bürgers zu tun. Einen derartigen Fall hat das Sozialgericht Berlin entschieden.

Die normative Grundlage für die Kürzung findet sich in § 2 Abs. 5 AGV:

> Verordnung zur Berechnung von Einkommen sowie zur Nichtberücksichtigung von Einkommen und Vermögen beim Arbeitslosengeld II/Sozialgeld (Arbeitslosengeld II/Sozialgeld-Verordnung – Alg II-V)§ 2 Berechnung des Einkommens aus nichtselbständiger Arbeit
> (1) Bei der Berechnung des Einkommens aus nichtselbständiger Arbeit (§ 14 des Vierten Buches Sozialgesetzbuch) ist von den Bruttoeinnahmen auszugehen.
> (5) Bei der Berechnung des Einkommens ist der Wert der vom Arbeitgeber bereitgestellten Vollverpflegung mit täglich 1 Prozent des nach § 20 des Zweiten Buches Sozialgesetzbuch maßgebenden monatlichen Regelbedarfs anzusetzen. Wird Teilverpflegung bereitgestellt, entfallen auf das Frühstück ein Anteil von 20 Prozent und auf das Mittag- und Abendessen Anteile von je 40 Prozent des sich nach Satz 1 ergebenden Betrages.

Im vorliegenden Fall wollte die Mitarbeiterin das Essen ihres Arbeitgebers (Fleischer) aus diätetischen Gründen nicht konsumieren. Das Jobcenter war der Auffassung, dass es hierauf nicht ankomme, da in der Verordnung auf das Bereitstellen des Essens, nicht aber auf die Entgegennahme des Essensangebotes abgestellt werde. Das Jobcenter zog der Betroffenen daher monatlich zwischen 30 bis 50 Euro von ihrer Regelleistung ab.

Hiergegen erhob sie Klage und die 175. Kammer des Sozialgerichts Berlin gab ihr Recht (SG Berlin Az S 175 AS 15482/14 Urteil vom 23.03.2015). In der Begründung führt es Folgendes aus:

> »Hiernach bedurfte es keiner weiteren Aufklärung, ob die Klägerin zu 1) die bereitgestellte Verpflegung in den streitigen Monaten tatsächlich zu sich genommen hat oder nicht. Unterstellt, die Klägerin zu 1) hat das Essen nicht verspeist, spräche dies gleichfalls dafür, die Vorschrift des § 2 Abs. 5 Alg II-V nicht anzuwenden. Zwar streitet für das Normverständnis des Beklagten, dass es allein auf

die Zurverfügungstellung, nicht aber auf den tatsächlichen Verzehr ankommen müsse, der Wortlaut der Vorschrift (›bereitgestellten‹), jedoch dürfte die Norm aus den Gründen des Selbstbestimmungsrechts der Leistungsberechtigten einschränkend dahin auszulegen sein, dass ein tatsächlicher Verzehr erfolgen muss (siehe mit anderer rechtlicher Begründung: Geiger in: Münder, SGB II, 5. Aufl. 2013, § 11 Rdn. 50). Letztlich führt § 2 Abs. 5 Alg II–V anderenfalls dazu, dem einzelnen Leistungsberechtigten zu einer bestimmten Ernährung anzuhalten, da er durch die mit der Einkommensanrechnung verbundenen Leistungskürzung eine eigene Entscheidung über seine Verpflegung während der Arbeitszeit nur unter Einsatz zusätzlicher finanzieller Aufwendungen treffen und umsetzen kann, obgleich ihm der Verordnungsgeber diese Mittel über die Einkommensanrechnung ›vorenthalten‹ hat. Dies greift jedenfalls in die allgemeine Handlungsfreiheit des Leistungsberechtigten ein und läuft zudem dem Konzept zuwider, dem Leistungsberechtigten eine eigenständige Entscheidung über die ›Bewirtschaftung‹ der gewährten Leistungen zu ermöglichen (§ 20 Abs. 1 S. 4 SGB II). Besonders bedenklich wäre § 2 Abs. 5 Alg II–V in den Fällen, in denen z. B. religiöse Speisevorschriften dem Leistungsberechtigten eine bestimmte Ernährung gebieten. Die insoweit in Betracht kommenden Beispiele sind zahlreich und reichen von Religionen wie dem Judentum und dem Islam, welche den Verzehr bestimmter Fleischsorten untersagen bzw. bestimmte Anforderungen an Schlachtung oder Zubereitung des Fleisches stellen, bis hin zu Glaubensgemeinschaften, welche z. B. eine vegetarische Ernährung verlangen. Zudem gibt es – wie gerichtsbekannt ist – eine steigende Zahl von Menschen, die sich aus primär ethisch-moralischen Gründen für eine etwa vegetarische oder vegane Ernährung entschieden haben. Auch die Klägerin zu 1), die sich aus einsichtigen gesundheitlichen Gründen für eine bestimmte Ernährung entschieden hat, ist leistungsrechtlich mit ihrer Entscheidung zu respektieren. Ein Normverständnis, dass es allein auf die Bereitstellung der Verpflegung ankommt, würde diese Personen leistungsrechtlich in ihrer grundrechtlich geschützten Entscheidung beeinträchtigen. Zwar verkennt die Kammer nicht, dass eine derartige Auslegung der Regelung zu einem nicht unerheblichen Ermittlungsaufwand der Leistungsträger, welche den tatsächlichen Verzehr im Bestreitensfall auch unter Beweis zu stellen hätten, führen würde, jedoch belegt dies letztlich wiederum die Unwirksamkeit der Norm, da es so letztlich zu einer individuellen Bedarfsbestimmung kommen müsste, die die SGB II dem Grunde nach fremd ist. Nach alledem wäre § 2 Abs. 5 Alg II–V – seine Wirksamkeit einmal unterstellt – dahin auszulegen, dass ein tatsächlicher Verzehr erforderlich ist.«

Die Entscheidung ist in vielerlei Hinsicht bemerkenswert. Das Gericht spricht ethischen Veganern und Vegetariern ein grundrechtlich geschütztes Selbstbestimmungsrecht im Hinblick auf ethisches Essen zu, in welches der Staat im vorliegenden Fall nicht eingreifen darf.

Anspruch auf nahrungsbedingten Mehrbedarf und Sonderbedarf für Veganer

Veganes Leben ist teuer. Neben den erforderlichen Supplementen Vitamin B 12 und Vitamin D, kosten auch Milch- oder Fleischersatzprodukte in der Regel mehr als Milch oder Fleisch. Es stellt sich daher die Frage, ob Hartz IV beziehende Veganer oder Vegetarier diesen Mehrbedarf durch zu beantragende Sonderleistungen decken können.

Zunächst sollten Betroffene prüfen, ob ihnen nicht unabhängig vom Veganismus Mehr- bzw. Sonderbedarf zusteht. Diese Bedarfe sind in § 21 SGB II geregelt:

§ 21 SGB II Mehrbedarfe
(1) Mehrbedarfe umfassen Bedarfe nach den Absätzen 2 bis 6, die nicht durch den Regelbedarf abgedeckt sind.

(2) Bei werdenden Müttern wird nach der zwölften Schwangerschaftswoche ein Mehrbedarf von 17 Prozent des nach § 20 maßgebenden Regelbedarfs anerkannt.

(3) Bei Personen, die mit einem oder mehreren minderjährigen Kindern zusammenleben und allein für deren Pflege und Erziehung sorgen, ist ein Mehrbedarf anzuerkennen

> in Höhe von 36 Prozent des nach § 20 Absatz 2 maßgebenden Bedarfs, wenn sie mit einem Kind unter sieben Jahren oder mit zwei oder drei Kindern unter 16 Jahren zusammenleben, oder

> in Höhe von 12 Prozent des nach § 20 Absatz 2 maßgebenden Bedarfs für jedes Kind, wenn sich dadurch ein höherer Prozentsatz als nach der Nummer 1 ergibt, höchstens jedoch in Höhe von 60 Prozent des nach § 20 Absatz 2 maßgebenden Regelbedarfs.

(4) Bei erwerbsfähigen behinderten Leistungsberechtigten, denen Leistungen zur Teilhabe am Arbeitsleben nach § 33 des Neunten Buches sowie sonstige Hilfen zur Erlangung eines geeigneten Platzes im Arbeitsleben oder Eingliederungshilfen nach § 54 Absatz 1 Satz 1 Nummer 1 bis 3 des Zwölften Buches erbracht werden, wird ein Mehrbedarf von 35 Prozent des nach § 20 maßgebenden Regelbedarfs anerkannt. Satz 1 kann auch nach Beendigung der dort genannten Maßnahmen während einer angemessenen Übergangszeit, vor allem einer Einarbeitungszeit, angewendet werden.

(5) Bei Leistungsberechtigten, die aus medizinischen Gründen einer kostenaufwändigen Ernährung bedürfen, wird ein Mehrbedarf in angemessener Höhe anerkannt.

(6) Bei Leistungsberechtigten wird ein Mehrbedarf anerkannt, soweit im Einzelfall ein unabweisbarer, laufender, nicht nur einmaliger besonderer Bedarf besteht. Der Mehrbedarf ist unabweisbar, wenn er insbesondere nicht durch die Zuwendungen Dritter sowie unter Berücksichtigung von Einsparmöglichkeiten der Leistungsberechtigten gedeckt ist und seiner Höhe nach erheblich von einem durchschnittlichen Bedarf abweicht. [...]

(8) Die Summe des insgesamt anerkannten Mehrbedarfs nach den

Absätzen 2 bis 5 darf die Höhe des für erwerbsfähige Leistungsberechtigte maßgebenden Regelbedarfs nicht übersteigen.

Besonders relevant können hier gemäß § 21 Abs. V SGB II der sogenannte krankheitsbedingte Mehrbedarf und gemäß § 21 Abs.VI SGB II der allgemeine Sonderbedarfstatbestand sein. Bei Sozialrechtsfällen kann auch eine Krankenkostzulage in Betracht kommen.

Je nach Einzelfall kommen folgende Fallgruppen in Betracht:

Krankheitsbedingter Mehrbedarf für kostenaufwändige Ernährung § 21 Abs. V SGB II (Kostenaufwändige Ernährung bei kranken Veganern und Vegetariern)

Typische Fälle der krankheitsbedingten kostenaufwändigen Ernährung sind nach Kostgruppen aufgegliedert z. B.:

> **Vollkost** bei Colitis ulcerosa, Diabetes mellitus Typ I intensivierte konventionelle Insulintherapie, HIV-Infektion/AIDS, Krebserkrankung, Morbus Crohn, Multiple Sklerose, Neurodermitis Ulcus duodeni/Ulcus ventriculi
> **Diabetiskost** Diabetes mellitus Typ I konventionelle Insulintherapie Diabetes mellitus Typ IIa: Diabeteskost, 3. Hyperlipidämie
> **Lipidsenkende Kost** bei Hypertonie/kardialen oder renalen Ödemen
> **Natriumdefinierte Kost** bei Hyperurikämie/Gicht
> **Purinreduzierte** Kost bei Leberinsuffizienz/Niereninsuffizienz
> **Eiweißdefinierte Kost** bei Niereninsuffizienz mit Hämodialysebehandlung: Dialysediät
> **Glutenfreie Kost** Zöliakie/Sprue
> **Sonstige Erkrankung** Auffangtatbestand

Bei all diesen Krankheitsbildern kann man auch als Veganer oder Vegetarier Kostenmehraufwand beantragen. Hierzu sollte man ein ärztliches Attest beifügen, aus dem sich die medizinische Notwendigkeit der Sonderkost ergibt.

Während früher bei den vorbezeichneten Krankheitsbildern bei Vorlage eines Attestes der Mehrbedarf regelmäßig bewilligt wurde, hat sich dies seit einem Gutachten der DGE geändert. Nach diesem Gutachten spart der Fiskus viel Geld, da behauptet wird, bei gewissen Krankheiten wie Diabetes könne die Nahrung vom Regelbedarf finanziert werden. Die reine Erkrankung genügt daher nicht mehr, um den Sonderbedarf bewilligt zu bekommen. Betroffene müssen seitdem weitere Nachweise für den Sonderbedarf erbringen, z. B. durch die Vorlage eines Einkaufstagebuchs in Verbindung mit der ärztlichen Begründung der Notwendigkeit der konsumierten teureren Lebensmittel.

Dies führt in der Praxis dazu, dass viele Anspruchsberechtigte das ihnen zustehende Geld nicht erhalten, da sie den Weg vor das Sozialgericht scheuen.

Vitamin-B_{12}-Mangel als Sonstige Erkrankung

Generell hält die Rechtsprechung die Nahrungsergänzungsmittel regelmäßig für nicht-mehrbedarfsbegründend. Zwar seien sie Lebensmittel, jedoch nicht aus medizinischen Gründen erforderlich. (LSG Niedersachse-Bremen, Urt. v. 28.02.2012 L9 AS 585/08)

Bei vorliegendem Vitamin-B_{12}-Mangel, der dauerhafte Nervenschädigungen nach sich ziehen kann, sollte daher zunächst der Weg über die Krankenkassen gegangen werden, insbesondere da diese vorrangige Leistungsträger sind und entsprechende Medikamente, die nicht als Nahrungsergänzung definiert sind, existieren.

Wie sieht es mit der präventiven Einnahme von Vitamin-B_{12}-Produkten und sonstigen Mehrkosten für Veganer aus? Zu prüfen ist, ob hier nicht ein Sonderbedarf geltend gemacht werden kann.

Ethisch bedingter Sonderbedarf gemäß § 21 Abs.VI SGB II

Ein Sonderbedarf ist nach ständiger Rechtsprechung unter folgenden Voraussetzungen denkbar:

> Der Bedarf muss unabweisbar sein.

Da die vegane Ernährung unter den menschenrechtlichen Schutz der EMRK als Weltanschauung/Überzeugung (Art. 9 EMRK) und unter die Gewissenbetätigungsfreiheit des Art. 4 GG fällt, dürfen Veganer m. E. nicht auf andere Kostformen zur Vermeidung von Vitaminmängeln verwiesen werden.

> Die Ausgaben müssen laufend, also nicht nur einmalig, nach anderer Auffassung sogar mehrfach im Bewilligungszeitraum anfallen.

Dies ist der Fall, da bei veganer Ernährung die Supplementierung mit B_{12} täglich bzw. mehrfach wöchentlich anfällt.

> Der Bedarf muss aufgrund atypischer Bedarfslagen gegeben sein.

Zu der Frage des Sonderbedarfs, hier bei Gleitsichtbrillen eines Diabetikers, hat das Sozialgericht Detmold die Grundzüge der Rechtsprechung zusammengefasst. Es zitiert dabei die Entscheidung des Bundesverfassungsgericht BVerfG 1. Senat, Urteil vom 09.02.2010, 1 BvL 1/09, 1 BvL 3/09, 1 BvL 4/09 dort Rn 205 ff.:

»Die Gewährung einer Regelleistung als Festbetrag ist grundsätzlich zulässig. Bei der Ordnung von Massenerscheinungen darf der Gesetzgeber typisierende und pauschalierende Regelungen treffen. Dies gilt auch für Leistungen zur Sicherung eines menschenwürdigen Existenzminimums. Allerdings verlangt Art. 1 Abs. 1 GG, der die Menschenwürde jedes einzelnen Individuums ohne Ausnahme schützt, dass das Existenzminimum in jedem Einzelfall sichergestellt wird. Der Hilfebedürftige, dem ein pauschaler Geldbetrag zur Verfügung gestellt wird, kann über seine Verwendung im Einzelnen selbst bestimmen und einen gegenüber dem statistisch ermittelten Durchschnittsbetrag höheren Bedarf in einem Lebensbereich durch geringere Ausgaben in einem anderen ausgleichen. Dies ist ihm auch zumutbar. Dass sich der Gesamtbetrag aus statistisch erfassten Ausgaben in den einzelnen Abteilungen der Einkommens- und Verbrauchsstichprobe zusammensetzt, bedeutet nicht, dass jedem Hilfebedürftigen die einzelnen Ausgabenpositionen und -beträge stets uneingeschränkt zur Verfügung stehen müssen. Es ist vielmehr dem Statistikmodell eigen, dass der individuelle Bedarf eines Hilfebedürftigen vom statistischen Durchschnittsfall abweichen kann. Die regelleistungsrelevanten Ausgabepositionen und -beträge sind von vornherein als abstrakte Rechengrößen konzipiert, die nicht bei jedem Hilfebedürftigen exakt zutreffen müssen, sondern erst in ihrer Summe ein menschenwürdiges Existenzminimum gewährleisten sollen. Wenn das Statistikmodell entsprechend den verfassungsrechtlichen Vorgaben angewandt und der Pauschalbetrag insbesondere so bestimmt worden ist, dass ein Ausgleich zwischen verschiedenen Bedarfspositionen möglich ist, kann der Hilfebedürftige in der Regel sein individuelles Verbrauchsverhalten so gestalten, dass er mit dem Festbetrag auskommt; vor allem hat er bei besonderem Bedarf zuerst auf das Ansparpotential zurückzugreifen, das in der Regelleistung enthalten ist. Ein pauschaler Regelleistungsbetrag kann jedoch nach seiner Konzeption nur den durchschnittlichen Bedarf decken. Der nach dem Statistikmodell ermittelte Festbetrag greift auf eine Einkommens- und Verbrauchsstichprobe zurück, die nur diejenigen Ausgaben widerspiegelt, die im statistischen Mittel von der Referenzgruppe getätigt werden. Ein in Sonderfällen auftretender Bedarf nicht erfasster Art oder atypischen Umfangs wird von der Statistik nicht aussagekräftig ausgewiesen. Auf ihn kann sich die Regelleistung folglich nicht erstrecken. Art. 1 Abs. 1 GG in Verbindung mit Art. 20 Abs. 1 GG gebietet jedoch, auch einen unabweisbaren, laufenden, nicht nur einmaligen, besonderen Bedarf zu decken, wenn dies im Einzelfall für ein menschenwürdiges Existenzminimum erforderlich ist.«

Ein Sonderbedarf kann daher nur in solchen Fällen angenommen werden, die von der Statistik nicht erfasst sind.

Der ethische Nahrungs- und verbrauchsbedingte Sonderbedarf der Veganer ist in keiner Kategorie erfasst. Fraglich ist aber, ob sich aus den Daten der Musterhaushalte ein statistischer Mittelwert ergibt, in dem Veganer erfasst sind. Bei dem derzeit im Ein-Prozent-Bereich liegenden Bevölkerungsanteil der Veganer kann hiervon nicht ausgegangen werden. Ein atypischer Bedarf kann daher grundsätzlich angenommen werden, wenn der Durchschnittsbürger in seinem Konsumverhalten nicht aus anderen ethischen Gründen ähnlich kostenintensiv konsumiert wie Veganer. Dies ist eine Frage, die wohl nur Statistiker schlüssig beantworten können. Vom ersten Anschein her ist wohl eher von einem Sonderbedarf auszugehen. Es bleibt abzuwarten, wie die Gerichte diese interessante Frage beantworten werden.

> Die Ausgaben für den Sonderbedarf müssen zudem erheblich sein.

Die Erheblichkeit ist bei einer Gefährdung des Existenzminimums gegeben, wenn man vom Regelbedarf die Sonderposition nicht mehr ausgleichen kann. Ob dies bei veganer Lebensweise der Fall ist, hängt von der Höhe der ernährungsethisch notwendigen Mehrkosten ab.

Allerdings lässt sich auch ohne statische Bewertung die Gefährdung des Existenzminimums zumindest bei Vitamin-B_{12}-Produkten begründen, da die Systematik des Gesetzes bei anderen aufwändigen Ernährungsformen den Sonderbedarf anerkennt. Bei einem Tagessatz für Ernährung von 4,50 Euro dürften die monatlichen Kosten für Vitamin B_{12} und D oberhalb des Existenzminimums liegen.

Kürzung des nahrungsbedingten Regelbedarfs bei Krankenhausaufenthalten und fehlender veganer Ernährung

Ein weiterer Fall der rechtswidrigen Kürzung des nahrungsbedingten Regelbedarfs ist gegeben, wenn Veganer im Krankenhaus kein veganes Essen erhalten, das Jobcenter aber dennoch den Regelbedarf kürzt, weil die Essensversorgung während des Krankenhausaufenthaltes durch die Krankenkasse erfolgt und damit den Bedarf mindert.

Hier müssen sich die Jobcenter erneut entgegenhalten lassen, dass Veganern über die Kürzung vorgeschrieben würde, sich entgegen Ihrer ethischen Überzeugung von tierischen Produkten zu ernähren. Eine derartige Gesetzesauslegung würde in das allgemeine Persönlichkeitsrecht der Betroffenen eingreifen. (Hier sollte man im Streitfall auf das oben zitierte Urteil des Sozialgerichts Berlin verweisen. SG Berlin Az S 175 AS 15482/14 Urteil vom 23.03.2015)

Kostenübernahme des Vitamin-B_{12}-Tests durch Krankenkassen

Die Krankenkassen müssen die Kosten für einen Vitamin-B_{12}-Test übernehmen, wenn dieser medizinisch indiziert ist. Viele Hausärzte sind eher nicht bereit, diesen zu verschreiben, da der Test vom Quartalssatz pro Patient finanziert wird. Hier sollte man den Hausarzt überzeugen.

Praxistipps

> Soweit die Anträge abgelehnt werden, was im Sozialrecht auch bei aussichtsreichen Anträgen häufig der Fall ist, fristgerecht Widerspruch und Klage einreichen (das Sozialgerichtsverfahren ist in der Regel kostenfrei).

> Rechtlichen Rat einholen.

Vegan im Mietrecht

Veganismus spielt mittlerweile sogar im Mietrecht eine Rolle. Es treten Fälle auf, bei denen Vermieter Klauseln in den Mietvertrag aufnehmen, die vegane oder vegetarische Ernährung vorschreiben. Ein Mietvertrag, der ein Verbot von Fleisch vorsieht, ist nach ständiger Rechtsprechung des Bundesgerichtshofs unwirksam und dürfte publikumswirksam anti-vegane Klischees befördern. Veganer sind an dieser Stelle aufgerufen, sich als Vermieter, nicht als Weltbekehrer zu gerieren. Im Übrigen gilt: Der Vermieter hat grundsätzlich kein Recht, in die allgemeine Handlungsfreiheit des Mieters einzugreifen. Umgekehrt darf auch kein Vermieter den Konsum von Fleisch verordnen.

Sonderfall: Die vegane WG

In einer als vegan deklarierten WG gibt es nachvollziehbaren Regelungsbedarf im Hinblick auf vegan/omnivores Zusammenleben. Was ist, wenn der vormals begeisterte Veganer, Anhänger der Paläodiät wird und den Kühlschrank mit Rinderhack bestückt? Wie kann man sich vor geänderten Essensgewohnheiten von Mitbewohnern schützen?

Das WG-Leben ist bunt und vielfältig und zudem in der Regel kurzlebig. Daher dürfte es verschmerzbar sein, dass Fleischkonsum kein mietrechtlicher Kündigungsgrund ist. Man kann aber einige Exitstrategien planen: Ist man Mieter, kann man das Mietverhältnis innerhalb der kurzen Kündigungsfristen beenden. Als Vermieter hat man diese Möglichkeit nicht. Ein Mietverhältnis auf Probe gibt es nicht. Für ein befristetes Mietverhältnis benötigt man spezielle Gründe (Eigenbedarf, Baumaßnahmen, Dienstwohnung), die ausdrücklich in den

Praxistipps

> Vertragspartner gut aussuchen.

> Als Hauptmieter zunächst formwirksamen, befristeten (Eigennutzung zum Zeitpunkt X) Untermietvertrag abschließen.

Vertrag mitaufgenommen werden müssen.

Als Hauptmieter kann man allerdings mit dem Untermieter eine befristete Gültigkeit des Vertrages wegen beabsichtigter Eigennutzung zum Zeitpunkt X vereinbaren. Im Gegensatz zum normalen Vermieter muss der Hauptmieter nach herrschender Meinung keinen eigenen Wohnbedarf nachweisen; es genügt der Wille, die untervermieteten Räume nach Ablauf der Mietzeit für eigene Interessen nutzen zu wollen. Der Grund für die Befristung muss dabei konkret bezeichnet werden (LG Hamburg WuM 1992,375).

Kleine vegane Ernährungsethik

Recht ist im Idealfall kodifizierte Ethik. Vor diesem Hintergrund erfolgt eine kurze Darstellung von religiösen und säkularen Hintergründen der veganen Ethik, die eine Zusammenfassung von Vorträgen des Autors darstellt. In den abrahamitischen Religionen Judentum, Christentum und Islam kann man drei Phasen von Nahrungsgeboten Gottes an die Gläubigen unterscheiden, von denen zwei vegetarisch bzw. vegan waren. Es handelt sich erstens um die paradiesische Phase, zweitens die Phase vor der Sintflut und drittens die Phase nach der Sintflut. Die der abrahamitischen Religionen verbindet u. a., dass sie ein ähnliches Verständnis vom Ursprungsparadies haben. In diesem Paradies lebten Mensch und Tier friedlich zusammen und die Menschen aßen keine Tiere und auch die Tiere verspeisten einander nicht. Das Verhältnis von Mensch und Tier war dadurch geprägt, dass Adam den Tieren Namen gab. Das vegane bzw. vegetarische Essen ist daher diesem Ursprungsparadies nahe. Im ersten Buch Mose 1,29, der zweiten Phase, taucht als biblisches Speisegebot die Anweisung Gottes an die Menschheit auf, die wie folgt lautet: »Ich habe euch allerlei grünes Kraut gegeben, das sich besamet auf der Erde, und Bäume, die sich besamen und Frucht tragen, ein jeder nach seiner Art, dies gebe ich euch als Speise.« Somit galt bis zur Sintflut in den abrahamitischen Religionen ein veganes Nahrungsgebot.

Nach der Sintflut in der dritten Phase schloss Gott nach biblischem Verständnis einen sogenannten »neuen Bund« mit den Menschen und offenbarte Noah ein neues Nahrungsgebot: Im ersten Buch Mose 9, 2 und 3 ist nachzulesen: »Furcht vor euch und Schrecken sei bei allen Erdentieren, bei allen Himmelsvögeln, bei allem, was auf dem Erdboden kriecht und bei allen Fischen des Meeres; in eure Hand sind sie gegeben. Alles, was sich regt und lebendig ist, diene euch zur Nahrung; wie das Grünkraut gebe ich euch alles.« Vor diesem Hintergrund ist nach herrschender Meinung der Religionsgelehrten der abrahamitischen Religionen das Verspeisen von gewissen Tieren erlaubt. Die in veganen Kreisen manchmal vertretene These, nur veganes Essen sei biblisch »verordnet« und das Töten von Tieren verstoße gegen das Gebot »Du sollst nicht töten«, entspricht nicht dem herkömmlichen Religionsverständnis.

Das Gebot »Du sollst nicht töten« soll vielmehr richtig übersetzt »Du sollst nicht morden« gelautet haben und sich gemäß jüdischen Gelehrten nicht auf Tiere bezogen haben. All dies bedeutet jedoch nicht, dass nach abrahamitschem Verständnis zu Zeiten der Massentierhaltung das Essen von Tieren als ethisch betrachtet werden muss.

Vegetarismus und auch Veganismus sind in allen abrahamitischen Religionen erlaubt. Sie gelten sogar als besonders »gottesnah«, was sich an den Anklängen zum Ursprungsparadies und aus der Tatsache, dass das ursprüngliche christliche Fasten vor den Feiertagen vegan durchgeführt wurde, ableiten lässt. In der orthodoxen christlichen Tradition wird auch heute noch vegan gefastet und in den orthodoxen Klöstern die vegetarische, sogenannte Engelsnahrung als Daueraskese praktiziert. Die vegetarische Ernährung war auch für Juden immer dann die Nahrung der Wahl, wenn koscheres Essen nicht sichergestellt werden konnte. So ist z. B. in der Bibel über Daniel nachzulesen, der am Hof des Tyrannen Nebukadnezar als adliger Jüngling des besetzten Landes zu Verwaltungszwecken erzogen werden sollte, dass er sich weigerte, das angebotene Fleisch und den angebotenen Wein zu sich zu nehmen. Seine Entscheidung, nur Pflanzenkost zu essen und Wasser zu trinken, wurde zum Gegenstand einer biblisch übermittelten Vergleichsstudie von veganen und nicht-veganen Probanden. Daniel schloss mit dem Haushofmeister des Tyrannen, der wünschte, dass Daniel und seine Freunde Fleischkost zu sich nehmen, folgende Wette ab: »Man gebe uns nur Pflanzenkost zu essen und Wasser zu trinken, dann magst du unser Aussehen mit dem jener Knaben vergleichen; nach dem Befunde verfahre dann mit deinen Knechten.« (Buch Daniel 1, 12–16) Das Ergebnis der Vergleichsstudie fällt positiv für die veganen Probanden aus: Nach Ablauf der zehn Tage sahen sie besser und wohlgenährter aus als alle anderen Knaben. Diesen vier Knaben wurde Einsicht und Weisheit für jegliches Schrifttum und Wissensgebiet geschenkt. Daniel hatte auch Erfahrung in der Deutung von Träumen und Gesichtern aller Art.

Der Vegetarismus gilt auch als eine das Mitgefühl fördernde Ernährung. So ist in einer Hadith (mündliche Überlieferung der Aussprüche des Propheten Mohammed) folgender Ausspruch übermittelt: »Oh Ali, enthalte dich für vierzig aufeinanderfolgende Tage des Fleischessens. Denn wenn du vierzig Tage hintereinander Fleisch isst, wird dein Herz so hart wie Stein werden und du wirst kein Mitgefühl mehr haben, deshalb lass davon ab, jegliches Fleisch zu essen.«

Zusammenfassend lässt sich daher feststellen, dass in den abrahamitischen Religionen vegetarische und vegane Ernährung erlaubt, dem Paradies nahestehend und der Gesundheit, dem Wohlbefinden der Menschen und deren ethischer Grunddisposition förderlich ist.

Die Ethik des rechten Maßes

Allen abrahamitischen Religionen ist auch das Gebot, das rechte Maß einzuhalten, überliefert. So heißt es im Koran 7: 31: »Esst und trinkt aber haltet Maß. Siehe, er liebt die nicht, die nicht Maß halten.« Zum rechten Maß gehört es auch, Tiere nicht grundlos zu töten. So äußert Prophet Mohammed in einer weiteren Hadith: »Wenn jemand grundlos einen Spatzen tötet, so wird dieser Spatz am Tag der Auferstehung sich bei Allah über diesen Menschen beschweren.« In der abrahamitischen Tierethik wird auch Wert darauf gelegt, Nutztiere nicht zu schlagen und fürsorglich zu halten. Den Tieren soll kein Leid zugefügt werden. Die Phänomene industrieller Massentierhaltung sind mit der Ethik des rechten Maßes nicht in Einklang zu bringen. Die weitbekannte Praxis des Kükentötens, gleich nach dem Schlüpfen sämtliche männliche

Küken zu schreddern oder zu vergasen, nur weil diese für eine gewinnversprechende Mast nicht geeignet sind, ist daher ethisch nicht vertretbar, da das Gebot des rechten Maßes nicht eingehalten wird. Die Praxis ist zudem wohl auch ein Verstoß gegen das Tierschutzgesetz, nach dem das Töten von Wirbeltieren ohne vernünftigen Grund strafbar ist.

Ein weiteres Beispiel für unethische Massentierhaltung ist der Kastenstand bei der Schweinezucht. Damit die Schweine effektiv gewaschen, besamt und mit Medikamenten gespritzt werden können, werden sie in extrem engen Kästen gehalten, in denen sie sich kaum nach vorne und nach hinten bewegen und auch nicht um die eigene Achse drehen können. Die Kästen sind so eng, dass die Schweine, wenn sie sich seitlich hinlegen, mit den Füßen in den Nachbarkasten ragen, wo sie getreten oder gebissen werden. Auch diese Tierhaltung, die von dem Gedanken der Gewinnoptimierung geprägt ist, verstößt gegen die Grundsätze abrahamitischer Ethik.

Vegane und vegetarische Ethik im Hinduismus und Buddhismus

Im Hinduismus und Buddhismus glaubt man an Reinkarnation und an das Gesetz von Karma. Hindus versuchen, sich so zu ernähren, dass sie möglichst wenig schlechtes Karma über die Nahrung akkumulieren. Nach der Lehre der Panchabutas sind die Lebewesen in verschiedene Kategorien aufgeteilt, je nachdem, aus wie vielen feinstofflichen Elementen sie bestehen. Während der Mensch aus den Elementen Feuer, Wasser, Erde, Luft und Äther besteht, weisen Säugetiere nach hinduistischer Auffassung lediglich die Elemente Erde, Wasser, Feuer und Luft auf. Vögel bestehen aus den Elementen Wasser, Feuer und Luft, Reptilien, Insekten und Fische aus den Elementen Erde und Feuer. Lediglich die Pflanzenwelt soll nur aus dem einen feinstofflichen Wasserelement bestehen. Daher versuchen Hindus, lediglich das Karma, das mit dem Töten von Lebewesen eines Elements verbunden ist (Pflanzen), über die Nahrung auf sich zu nehmen. Vor diesem Hintergrund ist auch verständlich, warum Hindus keine unbefruchteten Eier essen. Diese bestehen nämlich, je nach Tierart, aus drei Elementen bei Vögeln, z. B. bei Hühnern, oder aus zwei bei Reptilien und Fischen. Was den Milchkonsum anbelangt, so ist dieser in der vedischen Tradition nur unter zwei Bedingungen akzeptiert worden. Die erste Milch (Cholostrum-Milch) soll vom Menschen nicht konsumiert werden, da sie wertvolle Inhaltsstoffe, die für die Kälbchen gedacht sind, enthalten. Die übrige Milch soll nur dann konsumiert werden, wenn die Kälbchen bereits satt sind und die Kuh die Milch freiwillig hergibt. Ohne tiefergehend auf die Freiwilligkeit einzugehen, ist der größte Teil der Milch aus Massentierhaltung auch nach hinduistischem Verständnis unethisch gewonnen. Buddha war zumindest in seiner Zeit als hinduistischer Wanderasket gemäß der geschilderten Tradition Vegetarier.

Die ideale Ernährung für Buddhisten wird in der Angulimala-Sutra, in der Manjushri Buddha zur vegetarischen Ernährung befragt, beschrieben. Manjushri fragt: »Ist es wegen der den Embryos zugesprochenen Buddha-Natur (Tathagathagarbha), dass die Buddhas vom Fleischessen Abstand nehmen?« Hierauf antwortet Buddha: »So ist es, denn es gibt kein einziges Wesen unter denen, die in der Kette der anfanglosen und endlosen Gesamtsache verbunden sind, das nicht deine Mutter oder deine Schwester war. Ein als Hund geborenes Individuum kann später dein Vater werden. Jedes Wesen ist wie ein Schauspieler auf der Bühne des Lebens, das eigene Fleisch und das Fleisch der anderen ist ein Fleisch. Deshalb essen die Erleuchteten kein Fleisch.«

In den meisten buddhistischen Klöstern wird auch heute noch vegetarisch gelebt. Allerdings wurde die vegetarische Tradition durch folgende Thesen verwässert:

> Die vegetarische Ernährung sei nur für Mönche vorgesehen.
> Auch Mönche könnten unter bestimmten Voraussetzungen Fleisch essen, wenn es gespendet wird und sie nicht vermuten, dass das Tier extra für sie geschlachtet wurde.

Erfreulicherweise findet eine Rückbesinnung in buddhistischen Klöstern auf die Angulimala-Sutra statt, so dass es eine Renaissance der vegetarischen Ernährung in tibetisch-buddhistischen Klöstern gibt.

Veganismus in der säkularen Ethik

In der nicht-religiösen, säkularen Ethik stellt sich zunächst die Frage, ob man aus faktenbasiertem, wissenschaftlichem Denken überhaupt ethische Konzepte entwickeln kann. Papst Benedikt XVI zweifelte dies anlässlich seiner Rede im deutschen Bundestag mit folgender These an: »Die Naturwissenschaft kann nur das Sein ergründen, nicht das Sollen. Ein positivistischer Naturbegriff kann keine Brücke zu Ethos und Recht herstellen.« Braucht man also wirklich Religion, um ethische Konzepte zu entwickeln? Der Philosoph Sam Harris widerlegt diese These in seinem Werk »Moral Landscape«. Er stellt dar, dass auch wissenschaftliche Fakten eine moralische Richtung vorgeben und nennt dies »moralische Landschaften«. Im Hinblick auf die Tierethik führt er aus, dass faktenbasiert bekannt sei, dass Tiere aufgrund ihres Nervensystems Schmerzempfinden haben. Je größer dieses Schmerzempfinden ist, desto höher sei das ethische Schutzbedürfnis des Tieres. Der Philosoph Immanuel Kant hat die Menschen aufgefordert, mündig zu denken und durch eigenes Nachdenken ohne Bezug auf Vorgabe von Religion und Machthabern, zu selbstbestimmten Handlungsweisen zu gelangen. Harald Lemke hat in der Tradition der Frankfurter Schule drei gastrosophische Gebote herausgearbeitet, die im Zusammenhang mit der veganen Lebensweise eine Rolle spielen. Diese lauten wie folgt:

> So zu essen, dass Welthunger vermieden wird.
> So zu essen, dass auch nachfolgende Generationen eine intakte Umwelt vorfinden.
> So zu essen, dass Tierleid verringert wird.

Es ist heute allgemein bekannt, dass rund 40 Prozent der gefangenen Fische, 80 Prozent des geernteten Sojas und 50 Prozent des geernteten Getreides an Tiere verfüttert werden, damit Menschen deren Fleisch essen können. Die Nutztierhaltung ist der größte Verursacher von klimaschädlichen Gasen und darüber hinaus auch deshalb umweltschädlich, weil er mit hohem Wasserverbrauch bei der Fleischproduktion und mit Güllebelastung verbunden ist. Bei Einhaltung der gastrosophischen Gebote empfiehlt sich daher aus säkular-ethischen Gesichtspunkten, tierische Produkte zu meiden. Durch das sogenannte mikro-revolutionäre Verhalten kann so der mündige Konsument an einer Verbesserung der Umwelt mitwirken.

Zusammenfassend kann daher festgestellt werden, dass die vegane Ernährung aus ethischen Gesichtspunkten, unabhängig davon ob diese religiös oder säkular motiviert sind, hohen Anforderungen entspricht. Zu ethischem Verhalten gehört jedoch auch der wohlwollende Umgang mit andersdenkenden Mitmenschen. Damit verbietet sich jeglicher moralischer Triumphalismus von Veganern gegenüber Nicht-Veganern. Wer sich ethischer ernährt, ist nicht zwangsweise auch sonst ein besserer Mensch.

Nachwort

Veganer und Vegetarier gehören einer Minderheit an. Das Ziel des veganen und vegetarischen Rechts als Ausdruck der menschenrechtlichen und tierschutzrechtlichen Komponenten ist es, einen Zustand der Gesellschaft zu erreichen, bei dem ein veganer und vegetarischer Lebensstil barrierefrei und diskriminierungsfrei möglich ist.

Bis die Gesellschaft sich dahin entwickelt hat, gilt die Abschlusserklärung des 1st International Law Symposium on the Right to a Plant Based Diet:

»In den letzten Jahrzehnten hat sich eine wachsende Anzahl von Menschen dazu entschlossen, den veganen Lebensstil zu wählen. Es handelt sich hierbei um eine Art der Lebensgestaltung, die sich darum bemüht, so weit wie möglich und praktikabel alle Arten von Ausbeutung und Grausamkeiten gegenüber Tieren als Nahrungsmittel, zu Bekleidungszwecken oder zu anderen Zwecken auszuschließen.

Der häufigste Grund dafür, sich dem Veganismus zuzuwenden, ist Mitgefühl den Tieren gegenüber. Veganer werden von ihrem Gewissen motiviert, auf eine Art und Weise zu essen und zu leben, die tierisches Leid minimiert. Andere sind aus unterschiedlichen ethischen Hintergründen motiviert, vegan zu leben oder eine pflanzenbasierte Nahrung zu wählen, zum Beispiel aus Umweltschutzgründen oder um den Welthunger zu verringern.

Veganismus wird im Hinblick auf das Recht zur Gedankenfreiheit, zur Gewissens- und Glaubensfreiheit geschützt, indem die Menschen ermächtigt wurden, verfestigte vegane Lebensanschauungen zu haben und diese in ihrer Lebensführung zum Ausdruck zu bringen. Internationale Rechtsquellen, die diesen Schutz gewährleisten, sind:

- Universal Declaration of Human Rights (UDHR) Art. 18,
- Allgemeine Erklärung der Menschenrechte
- International Covenant on Civil and Political Rights (ICCPR) Art. 18
- Internationaler Pakt über bürgerliche und zivile Rechte
- European Convention on Human Rights (ECHR) Art. 9, and
- Europäische Menschenrechtskonvention
- Charter of Fundamental Rights of the European Union (CFREU), Art. 10
- Charta der Grundrechte der Europäischen Union

Das Recht auf Gedankenfreiheit, auf Gewissens- und Glaubensfreiheit wird zudem von den Verfassungen und nationalen Gesetzen vieler Staaten geschützt.

Andere Menschenrechte, die auf den Veganismus angewendet werden können, sind:

- die Gedanken-, Gewissens- und Glaubensfreiheit
- die Freiheit vor Diskriminierung (ICCPR Art. 26; CFREU Art. 21; ECHR Art. 14)
- das Recht auf eine Privat- und Familiensphäre (ECHR Art. 8; ICCPR Art. 23)
- das Recht auf eine angemessene Nahrungsmittelinformation UDHR Art. 25; Internationaler Pakt über wirtschafliche und soziale Rechte Art. 11
- das Recht auf Rede- und Ausdrucksfreiheit (ICCPR Art. 19(2); CFREU Art. 11; ECHR Art. 10)

Indem die Anzahl der Veganer wächst, wird das Recht auf Gedanken, Gewissens- und Glaubensfreiheit zu einem wachsenden Thema für nationale Parlamente und Regierungen, insbesondere in Verbindung mit Art. 4 1802 des ICC PR, der Verhaltensweisen und staatliches Lenkungsverhalten untersagt, welches das Recht der Gewissensfreiheit beschränkt.

In dieser Hinsicht sind Veganer von Missverständnissen, institutioneller Diskriminierung und strukturellen Barrieren im Hinblick auf den Zugang zu veganer Ernährung, Säuglingsnahrung und Alternativen zu tierischen Produkten betroffen. Das wachsende öffentliche Interesse an veganer Ernährung und veganer Ethik fordert daher die Legislative, Exekutive und Judikative auf, sicherzustellen, dass diese fundamentalen Menschenrechte geschützt werden, indem der schützenswerte Status des Veganismus anerkannt wird und sichergestellt wird, dass die Rechte der Veganer eingehalten werden.

Aus diesem Grund rufen die Teilnehmer zu Folgendem auf:

1 Die garantierte Bereitstellung von veganem Essen in öffentlichen Institutionen
2 Die einheitliche, freiwillige Kennzeichnung von veganen und vegetarischen Produkten, insbesondere von Nahrungsmitteln
3 Die garantierte Bereitstellung von veganen Alternativen, die nicht den Bereich der Nahrung betreffen, und zwar ausnahmslos in allen öffentlichen Institutionen, z. B. in Bildungseinrichtungen, Uniformen und Arzneimitteln, sowie die Entwicklung von Strukturen und Handlungsformen, die die wachsende vegane Gemeinschaft unterstützen.
4 Die Entwicklung von Grundzügen und Praktiken, welche die wachsende vegane Gemeinschaft unterstützen.«

Verzeichnis verwendeter und empfohlener Literatur

Bassenge, Peter u. a.: Palandt – Bürgerliches Gesetzbuch, Kommentar. München 2014.

Beuger, Michael u. a.: Hat ein Kind ein Recht auf Mitwirkung an seiner veganen Lebensweise? Gutachten VEBU. Berlin 2013

Degenhart, Christoph: Das allgemeine Persönlichkeitsrecht. Leipzig 1992.

Däubler, Wolfgang u. a.: Arbeitsrecht, Individualarbeitsrecht mit kollektiven Bezügen, Handkommentar. Baden-Baden 2008.

Däubler, Wolfgang, Weltanschauung auf europäisch. Bremen 2006.

Dietz, Matthias: Kleine Philakolie. Düsseldorf 2006.

Esser, Axel u. a.: Mobbing. Der Ratgeber für Betroffene und ihre Interessenvertreter. Frankfurt am Main 2005.

Flume, Werner: Allgemeiner Teil des bürgerlichen Rechts II. Das Rechtsgeschäft. Berlin 1979.

Franke, Bernhard: Das Allgemeine Gleichbehandlungsgesetz. In: Rechtshandbuch für Frauen und Gleichstellungsbeauftragte. Hamburg 2009.

Gross, Röttger: Die anwaltliche Praxis in Sozialrechtssachen. Stuttgart 1993.

Hacks, Susanne u. a.: Schmerzensgeldbeiträge 2013 (ADAC-Schmerzensgeldtabelle). Bonn 2009.

Harris, Sam: The Moral Landscape. How science can determine human values. New York 2010.

Henkel, Heinrich: Einführung in die Rechtsphilosophie. München 1977.

Horndasch, K.-Peter u. a. (Hrsg.): Kommentar zum Familienverfahrensrecht. Münster 2009.

Krodel, Thomas: Das sozialgerichtliche Eilverfahren. Baden-Baden 2012.

Langer, Karl: Gesetzliche und vereinbarte Ausschlussfristen im Arbeitsrecht. München 1993.
Lemke, Harald: Ethik des Essens. Eine Einführung in die Gastrosophie. Berlin 2007.
Petrus, Klaus: Tierrechtsbewegung – Geschichte, Theorie, Aktivismus. Münster 2013.
Rinsche, Franz Josef: Prozesstaktik. Köln 1993.
Risi, Armin u. a.: Vegetarisch leben. Zürich 2008.
Rude, Matthias: Antispeziesismus. Die Befreiung von Mensch und Tier in der Tierrechtsbewegung und der Linken. Stuttgart 2013.
Stascheit Ulrich u. a.: Leitfaden zum Arbeitslosengeld II. Frankfurt a. M. 2014.

Danksagung

Ich danke zunächst meinen Eltern, die meine frühen ernährungsethischen Eskapaden wohlwollend ertragen haben. Besonderer Dank gilt meiner Mutter, die mich als Pioniervegetarier in der Familie durch mühevolles Mehrfachkochen liebevoll unterstützt hat und in ihrem fortgeschrittenen Alter Interesse am Veganismus entfaltet.

Meine geliebte Ehefrau und Weggefährtin Monika hat mich in jeder denkbaren Weise großzügig und selbstlos bei dem Projekt unterstützt. Sie hat als Vorlektorin und Zeitmanagerin einen wesentlichen Anteil an der Entstehung des Buches.

Besonderer Dank gilt dem Team von PETA Deutschland, bei dem das Arbeiten die reinste Freude ist – allen voran dem PETA-Juristen Krishna Singh, der das Buch juristisch vorlektorierte, Fehler entdeckte, wertvolle rechtliche Anregungen und noch wertvollere freundschaftliche Peer-Motivation gab; Herrn Dr. Haferbeck als wunderbarem Menschen und genialem Motivator sowie dem Filmteam Christian … Noah … und Martha …

Geholfen haben auch mein viel zu früh verstorbener Freund, der Assessor Manfried Mechsner, und die Jurastudentin Carolin Därr, die wertvolle Vorrecherchen leistete.

Besonderer Dank gilt auch den vielen Freunden und Mitarbeitern des VegMed-Teams, die in Thinktanks zum Thema pflanzenbasierte Ernährung den Grundstein für die rechtliche Betrachtung des Themas legten. Prof. Dr. Andreas Michalsen, Elmar Stapelfeld, Dr. Christian Kessler, Prof. Leitzmann sowie Dr. Markus Keller, der mich auch ganz konkret bei der Klärung ökotrophologischer Fragestellungen unterstützt hat.

Auf Initiative von Sebastian Joy und Simone Gröschl erfolgte eine Interviewreihe zu veganen und vegetarischen Rechtsthemen, die die Überlegung nahelegte, gleich ein ganzes Buch zu diesem Thema zu schreiben. Silke Bott hat mich bei den Interviews optimal unterstützt, Till Strecker hat mich mit den Hintergründen des europäischen vegetarischen Verbraucherrechts vertraut gemacht.

Christian Vagedes und Prof. Dr. Jan Wirsam danke ich für unseren Thinktank und die vielfältige Unterstützung bei der Verbreitung tierleidfreier Lebenskonzepte.

Was die internationale Arbeit an veganen Rechtsthemen und insbesondere die Vorbereitung des 1. und 2. Internationalen Symposiums zu veganem Recht in Berlin anbelangt, gilt mein besonderer Dank unserem Team von Kristin Hoehlig und Rechtsreferendar Felix Engelhardt. Die wunderbare Teamarbeit machte die Vorbereitung zu einer sehr angenehmen Nebenbeschäftigung.

Weiterer Dank gilt den internationalen Teilnehmern und Helfern Elena Segedin, Jeanette Rowley, Till Strecker, Camille Labchuk, Remus Cernea, Aro Mielonen, Eberhart Theuer, Vera Wittke, Ria Rehberg, Roelin Kramer, Dr. Sissy Gottwald, Prof. Gary Francium, Michele Hengst, Thomas Lux, Loukas Mitsou, Gero Schomaker, Jana Veit, Simone Gröschl, Katrin Kirchert, Antonia Bechstedt, Barbara Bolton, Alexander von Chrzanowski, Helene Lanzinger, Dr. Fodor Gabor, Prof. Dr. Carlo Prisko sowie dem Veganz und ganz besonders dem Blogger und veganen Aktivisten Daniel Boehme für seine vielfältige Unterstützung.

Schließlich möchte ich dem Verlegerteam, Jonas Engelmann, Uschi Herzer, Joachim Hiller, Sandy Lunau, Jens Neumann, Ingo Rüdiger und Oliver Schmitt, für die unbürokratische, effektive und angenehme Zusammenarbeit danken.

edition KOCHEN OHNE KNOCHEN

Patrick Bolk
Vegan, aber günstig
Spar dir das Tier

Patrick Bolk greift auf seine jahrelange Erfahrung als Veganer zurück und gibt in seinem neuen Buch »Vegan, aber günstig« Ratschläge, wie man auch mit günstigen Produkten aus dem Supermarkt um die Ecke Gerichte zubereiten kann, die nicht nur lecker und vielfältig sind, sondern auch alle wichtigen Nährstoffe enthalten. Neben Rezepten finden sich Tipps zur Haltbarmachung und optimalen Verwertung von Obst und Gemüse, alternativer Lebensmittelbeschaffung und der kostengünstigen Zubereitung von Fleischersatz, Pflanzenmilch & Co.

144 S., ISBN 978-3-95575-048-0
€ 9,90 (D)

Patrick Bolk (Hg.)
Ab heute vegan – Das Kochbuch

In Zeiten von Superfood, Weizengrassäften und Rohkost-Restaurants kann man leicht den Eindruck bekommen, sich vegan zu ernähren, sei nur etwas für wohlhabende Leute. Dabei ist vegane Küche im besten Fall nichts anderes als abwechslungsreiche und gesunde Gemüseküche – ohne teure Ersatzprodukte oder hippe Pülverchen. Patrick Bolk hat in diesem Kochbuch seine Lieblingsrezepte für den kleinen Geldbeutel zusammengetragen. Mit über 60 Gerichten wie Portobello-Burger, Gemüse-Flammkuchen oder dem deftigen Gyros-Teller bringt man Abwechslung in die Küche, ohne sich finanziell verausgaben zu müssen. Der Trick? Ab an den Herd und einfach selber machen! Sparen kann verdammt lecker sein.

144 S., ISBN 978-3-95575-083-1
€ 12,90 (D)

Matzka/Engelmann (Hg.)
Vegane Eltern – junges Gemüse
Handbuch für den veganen Familienalltag

Was tun vegan lebende Eltern, wenn das Kind ein Haustier möchte oder der Kindergarten einen Zoobesuch plant? Welche Nährstoffe sind für Veganerinnen in der Schwangerschaft besonders wichtig? Und wo gibt es die besten lederfreien Kinderschuhe? Wer vegan lebt und Kinder hat, ist mit vielen Fragen dieser Art konfrontiert. Der Ratgeber »Vegane Eltern – junges Gemüse« will Familien im veganen Alltag unterstützen und Hilfestellungen in typischen Situationen anbieten. Er wendet sich an Eltern, die ihren Kindern Lust auf Veganismus machen wollen, ohne ihnen ein veganes Leben aufzuzwingen.

128 S., ISBN 978-3-95575-029-9
€ 12,90 (D)

ventil

www.ventil-verlag.de
mit Webshop

edition KOCHEN OHNE KNOCHEN

Justin P. Moore
The Lotus And The Artichoke
Vegane Rezepte
eines Weltreisenden

216 S., ISBN 978-3-95575-011-4
€ 19,90 (D)

The Lotus And The Artichoke
Sri Lanka!
Ein Kochbuch mit über
70 veganen Rezepten

160 S., ISBN 978-3-95575-046-6
€ 14,– (D)

The Lotus And The Artichoke
Indien. Eine kulinarische
Liebesgeschichte mit über
90 veganen Rezepten

192 S., ISBN 978-3-95575-081-7
€ 18,– (D)

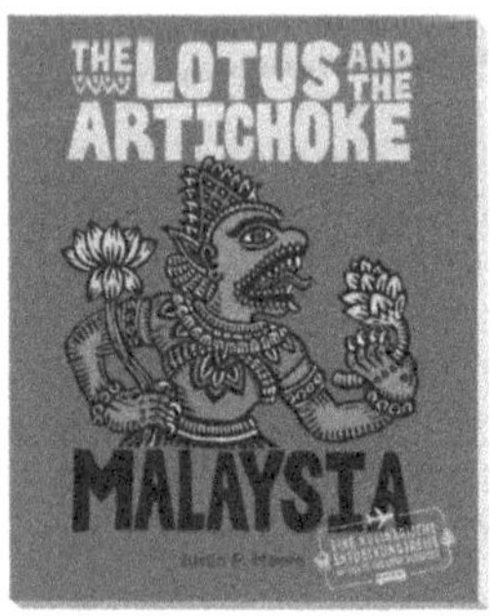

The Lotus And The Artichoke
Malaysia. Eine kulinarische
Entdeckungsreise mit
über 60 veganen Rezepten

160 S., ISBN 978-3-95575-063-3
€ 14,– (D)

The Lotus And The Artichoke
Mexico! Eine kulinarische
Entdeckungsreise mit
über 60 veganen Rezepten

128 S., ISBN 978-3-95575-034-3
€ 14,– (D)

Herzer/Hiller (Hg.)
Das Ox-Kochbuch 5
Kochen ohne Knochen –
Mehr als 200 vegane
Punk-Rezepte

192 S., ISBN 978-3-931555-28-3
€ 9,90 (D)

ventil

www.ventil-verlag.de
mit Webshop